中日桥汉语

中国語——日中の架け橋

(准中级下)

汲传波　冉　泽　编著

北京大学出版社
PEKING UNIVERSITY PRESS

图书在版编目(CIP)数据

中日桥汉语. 准中级. 下/汲传波,冉泽编著. —北京：北京大学出版社,2017.7
ISBN 978-7-301-28453-7

Ⅰ.①中… Ⅱ.①汲…②冉… Ⅲ.①汉语—对外汉语教学—教材 Ⅳ.①H195.4

中国版本图书馆CIP数据核字(2017)第144154号

书　　　名	中日桥汉语(准中级下) ZHONG-RI QIAO HANYU
著作责任者	汲传波　冉泽　编著
责 任 编 辑	何杰杰　邓晓霞
标 准 书 号	ISBN 978-7-301-28453-7
出 版 发 行	北京大学出版社
地　　　址	北京市海淀区成府路205号　100871
网　　　址	http://www.pup.cn　新浪微博:@北京大学出版社
电 子 信 箱	zpup@pup.cn
电　　　话	邮购部 62752015　发行部 62750672　编辑部 62752028
印 刷 者	三河市博文印刷有限公司
经 销 者	新华书店
	787毫米×1092毫米　16开本　18.75印张　288千字 2017年7月第1版　2017年7月第1次印刷
定　　　价	83.00元(含1张MP3光盘)

未经许可,不得以任何方式复制或抄袭本书之部分或全部内容。
版权所有,侵权必究
举报电话: 010-62752024　电子信箱: fd@pup.pku.edu.cn
图书如有印装质量问题,请与出版部联系,电话: 010-62756370

日本立命馆大学孔子学院·北京大学对外汉语教育学院
《中日桥汉语》(中国語——日中の架け橋)
编辑委员会

顾　　问：[日]竹内实
监　　修：[日]中川正之　[日]是永骏
总 主 编：李晓琪
准中级主编：金舒年　[日]绢川浩敏　[日]池田巧

总 序

俄国教育学家乌申斯基曾说过,"好的教科书和有效的教学法,能使没有经验的教师成为一个好老师。如果缺少这些,一个优秀的教师也难以真正在教学上登堂入室。"这句话明确地告诉我们,教材在第二语言教学中,始终占据着相当重要的位置。

随着汉语作为第二语言教学在日本的不断深入,不仅学习人数快速增加,且学习者的类别也不断增多,除了大学和中小学外,很多不同类型的企业、很多外资企业的工作人员都加入到了汉语学习的行列。在这一形势下,对教材,特别是对有针对性的教材的需求越来越迫切。本套系列教材正是在这一大背景下顺应而生。本套教材的编写者衷心希望此套教材的出版能够为广大在日本本土学习汉语的需求者提供积极的帮助,同时也为在中国大陆学习汉语的各类日本朋友提供多一个选择。以下是本套教材的概括介绍。

编写原则

针对性 充分考虑学习者的母语特点,在全面研究有别于欧美学习者的学习规律基础上,针对日本人和日本人学习汉语的特点,确定教材编写模式,力求提高以日语为母语的学习者汉语学习效率。

科学性 吸收国际最新的教材编写理论,吸收汉语最新研究成果,在汉语语言要素选择、输入、练习设计等诸多方面进行全面考量,循序渐进,力求教材内容科学专业。

真实性 从初级到最高级,不同阶段突出不同特点,但各段的共同点都是以实现语言交际为目标。场景设置和材料的选择都与某一真实环境相结合,使教材真正可以做到学以致用。

系统性 参考国内外先进的第二语言标准,特别是汉语水平测试标准,整套教材为小台阶多级别的组合,共分为初级、准中级、中级三段,每一段上下两册,全套教材共有六册。

文化性 教材在选材上突出文化底蕴,尤其注意中日文化的交流与碰撞,使语言学习的过程同时成为文化交融的过程,充分体现出多元文化大

背景下语言教学的崭新面貌。

结构目标

全套教材共有三段六册,各段的具体目标是:

初级 以结构为纲进行编写,同时兼顾功能项目,力求二者完美结合。初级教材的编写重在体现出针对性特点,即针对日本人学习汉语时需要加强的方面,采用听说领先的编写方式,同时又兼顾到中日语言中汉字的中介作用,使教材从初级起,就展现出有别于传统的、面向欧美学习者的汉语教材的崭新面貌。初级阶段的词语在800左右,学完初级,可以进行初步的日常交际。

准中级 以情景和功能为纲进行编写。为体现情景的真实性和实用性,上册侧重于日本情景,下册侧重于中国情景,并尽可能做到寓功能于情景之中,同时注意补充初级阶段未曾学习的语法项目。课文多是对话加叙述的形式,力求自然、轻松、有趣,以引发学习者的兴趣。同时,以多种形式强化听和说的训练,进一步体现母语为日语者的教材特点。学完准中级,词语达到1600左右,可以独立在中国生活,并用汉语进行简单的沟通。

中级 以功能和话题为纲进行编写,同时兼顾中级阶段的语法项目。在前两阶段的基础上,加强学生对中日同形词音义对照辨析能力的培养。课文形式由主要是对话体转为文章体,课文内容从主要是日常生活交际语言的学习转为对更具社会、文化含量文章的读解与听说,从而提高在较深层次、较宽领域运用汉语进行表达和交际的能力。学完中级,词语达到3200左右,可以比较自由地用汉语与中国人进行沟通和交流。

教材特点

国别教材 语言教学理论,特别是二语学习理论的研究成果已经充分表明,不同母语的学习者,由于自身母语的不同,在学习第二语言的时候,会产生不同的学习特点和难点。因此,针对不同母语者的不同需求,从第二语言教材的编写原则出发,针对某一国别的特殊需求编写教材是十分科学有效的,这也正是本套教材最突出的特点之一。

合编教材 本教材的另一特点是,这是一套名副其实的中日合编教材。从教材的策划到编写大纲的制定,从总顾问的邀请到教材总主编和总监修的配合,从各册主编的确定到编写人员的组成,以至每一课的具体编写,每一步都凝聚了中日双方人员的心血和智慧,其目的就是中日双方各自发挥所长,扬长避短,合编教材。

趣味教材 本教材内涵十分丰富，其内容不但贴近学生生活，而且特别注重凸显中日两国的文化，同时放眼世界，展示人类共通文化；练习形式多样，既丰富又实用，既有针对课文内容的问题，也有具有启发性的开放式问题，使学习者在学习教材的同时，有很宽广的拓展和深化思考的空间，使得学习过程充满了挑战与趣味。

有效教材 以上几个特点，体现出本教材明显地不同于以往的汉语教材。她针对日本人学习汉语的实际需求，她凝聚了中日双方汉语教师的共同智慧，她科学、有趣、实用、有效。我们相信，这是一套全新的受到使用者欢迎的有效教材。

本套教材从2008年策划到2012年开始出版，历经四年。其间日本立命馆孔子学院付出了极大的努力。作为本套教材的总主编，我首先要向立命馆孔子学院致以最衷心的感谢，是你们的睿智和果断，使得教材得以问世；同时，我也要感谢北京大学和立命馆大学的校领导，你们的决策和支持，保证了教材的持续编写；我还要感谢为本教材的策划和提出建设性意见而付出心血的所有中日朋友，你们的参与与献策，使得教材锦上添花！最后，我要感谢参加编写教材的全体中日教师，谢谢你们的辛勤付出！感谢北京大学出版社和汉语编辑部的领导和编辑，最终，这套体现中日合作结晶的成果在充满生机与活力的北京大学出版社落下帷幕！

由于水平和能力，本套教材一定还有需要进一步改进的地方，欢迎听到各方朋友的宝贵意见。

李晓琪
2012年春于北京大学

総　序

　ロシアの教育学者ウシンスキーは、「よい教科書と効果的な教授法は経験の浅い教師を一人前の教師にすることができる。これらがなければ、優秀な教師であっても教育のより深い境地に達することは難しい。」と述べている。この言葉からもわかるように、第二言語教育において、教科書は非常に重要なものである。

　日本では中国語教育の拡大に伴い、学習人口の増加だけではなく学習者のレベルも多様化している。大学や小中高校以外でも、各種企業、外資企業の社員などが中国語学習者となっている。このような状況の下、教科書に対する要求は高まってきており、このニーズに応えるべく本シリーズは生まれた。この教科書の出版により、日本における中国語学習者によりよい学習環境を提供し、また中国の日本人中国語学習者にも学習ツールの選択肢の一つとして加えて頂けたらと願っている。この教科書シリーズの概要は以下のとおりである。

編集原則
　　一）対象をはっきりさせた構成
　　　　学習者の母語の特性を考慮していること。欧米系学習者とは異なる学習法則の研究に基づき、日本人の中国語学習の特徴に即した教科書編集を行うことにより、日本語を母語とする学習者の学習効率を高めた。
　　二）科学性
　　　　最新の国際的な教科書編集理論と中国語研究の成果に基づき、中国語素材の選択、導入、練習問題の設定などについて全面的に吟味し、専門的かつ科学的であるよう努めた。
　　三）実際性
　　　　初級から上級まで、それぞれのレベルで異なる特徴を打ち出すと同時に、各レベルともに中国語によるコミュニケーション能

力の向上を目標とした。シーン別会話の設定や素材の選択は全て現実社会に即したものであり、これにより、実際に使うことに役立てる科書とした。

四）系統性
国内外の第二言語教育基準、特にHSK基準を参考し、細かいレベル設定をする。本シリーズは初級、準中級、中級3段階で構成され、各級上・下冊、全6冊で構成した。

五）文化的
本教科書は日中文化交流など文化的側面も取り入れることにより、語学学習の過程で文化についても知識を深めることができる。多元文化の背景のもと、新しい言語教育の姿を明らかにした。

目標構成

本教科書シリーズは3段階計6冊で構成される。各級の目標は以下のとおりである。

初　級：構造的を軸に編集し、機能的項目も考慮し、構造を理解し、機能も果たせるようにした。初級テキストは対象を明確にして編集したことが特長で、日本人学習者の弱点であるリスニングとスピーキングに重点をおき、同時に日中両言語における漢字のもつ橋渡し機能に着目し、初級段階から従来の欧米系学習者向け教材とは異なる新しいタイプの教科書とした。初級の語彙量は約800程度、学習終了後は初歩レベルの日常的コミュニケーションが可能である。

準中級：シーン別会話と機能性を軸に編集した。会話場面の現実性と実用性を高めるため、上冊では日本の状況、下冊では中国の状況に焦点を合わせた。会話場面はできるだけ機能的に、また初級で述べられなかった文法事項についても補足を行った。本文は会話に叙述文を加えた形式で、自然で、負担にならない、楽しい、学習者の興味をかきたてる内容とした。同時に、多方面からリスニングと会話能力を強化することにより、日本語を母語とする学習者に即した教材という特長を打ち出している。準中級学習終了後、語彙量は約1600、単独で中国で生活をすることができ、中国語

を用いて簡単なコミュニケーションを図ることができる。
中　級：機能性とトピックスを軸に編集を行い、同時に中級レベルの文法事項についてもふれた。初級、準中級での学習という基礎のもと、日中同形語の発音と意味に関する対照弁別能力を養う。本文は会話形式から文章形式に、内容は日常生活で使用するフレーズの学習から更に社会的、文化的要素をもつ文章の読解と運用となり、より深い、広い領域で中国語を用いた表現力、コミュニケーション力の向上を目指す。中級学習終了後は、語彙量約3200、比較的自由に中国語を用いて中国人とコミュニケーションし、交流することができる。
（中国では外国人に対する中国語を「初級」、「准中級」、「中級」、「高級」のように段階分けがおこわれるのが普通で、それぞれの段階で習得されるべき語彙数などが定められている。本シリーズにおいても「准中級」まではそれに準拠したが、「中級」は中国人の書いた原文を収録し解説を加える体裁にした。日本の慣例に従えば「中級」は「上級」の相当する。）

教科書の特長
対象国別教科書
　言語教育学理論、特に第二言語学習理論の研究でもすでに明らかになっているが、母語の異なる学習者では、第二言語学習上の優位性と弱点も異なる。よって母語の異なる学習者のニーズに対して、第二言語学習教材の編集原則に基づき対象国別に教科書を策定することは科学的で効果的であり、この教科書シリーズの最大の特長のひとつでもある。
日中合作教科書
　教科書のもう一つの特徴は、日中合作教科書であるということである。教科書の企画から編集大綱の策定、総顧問の招聘から総主編、総監修の協力により、各テキスト主編の決定から編者の構成および各課の執筆まで、すべてが日中双方の知恵と努力の結晶であり、お互いの良いところを取り入れた合作教科書である。
おもしろい教科書

教科書は学生の生活に密接した内容となっているだけではなく、日中両国の文化に焦点をおくと同時に世界に目を向け、人類共通の課題にも触れた豊富な内容となっている。また豊富で実用的、本文に即した様々な練習問題を用意しており、学習者により広く深く思考を促し、学習過程においてチャレンジ精神と楽しみをかきたてる内容となっている。

効果的な教科書

　以上の特長より、この教科書は他の中国語教科書とは一線を画したものとなっている。教科書は日本人学習者のニーズに即した、日中双方の中国語教師の知恵の結晶であり、科学的で面白い、実用性に富んだ効果的な教科書である。本シリーズが学習者に広く受け入れられると信じている。

　本教科書シリーズは2008年の企画から2012年から出版まで、4年の時間を費やした。この間、立命館孔子学院は多大な労力を費やしてくださった。本教材の総主編として、立命館孔子学院に心より感謝申し上げる。貴学院の英知と果断により、この教科書は世に出ることができた。同時に、北京大学と立命館大学の学園執行部の方々にも感謝したい。二つの大学の執行部各位の意思決定と支持により，教科書編集を継続することができた。また、この教材の企画に対して助言くださったすべての日中両国の友人にお礼を申し上げたい。皆様方の参画と助言により、本教科書をより素晴らしいものにすることができた。最後に、本書の編集に尽力いただいた日中双方の教員に感謝の意を表する。北京大学出版社と中国語編集部の責任者と編集者にも感謝したい。この日中合作の結晶は北京大学出版社より出版される。

　本教科書シリーズの不十分な点などについては、先生方、学習者の方々から忌憚のないご意見を頂戴できれば幸いである。

李晓琪
2012年春北京大学にて

《中日桥汉语》准中级部分编写说明

　　由北京大学对外汉语教育学院和日本立命馆大学孔子学院共同编写的专门针对日本学习者的国别教材《中日桥汉语》全套共6册，这是其中的准中级部分，分为上下两册，每册12课，共24课，适合中等偏低水平（约相当于新HSK3级）的日本学习者使用。学习者学完准中级后，词汇量约可达到1600左右，可以用汉语进行简单的日常沟通，能独立在中国生活。

　　根据这一水平的学习者的特点，我们为这两本教材设定的编写原则和目标是：

　　1. 以情景和功能为纲设置内容。考虑到学习者的具体情况和水平，兼顾在母语环境下和在目的语环境下学习的不同学习者，也为了体现情景的真实性和实用性，准中级上下两册均侧重于把情景设定在中国，并尽可能做到寓功能于情景之中，同时注意补充初级阶段未曾学习的语法项目。

　　2. 课文全部是对话加叙述的形式，力求自然、轻松、有趣，以引发学习者的兴趣。

　　3. 在练习中注意以多种形式强化听和说的训练，进一步体现本教材针对母语为日语的学习者的特点。

　　本教材的主要特点体现在每课的结构安排、内容设计和"文化掠影"这三个方面。

　　1. 结构安排

　　在编写教材时，我们在每一课的结构安排上做了精心设计，在每一课中安排了三个小循环：第一个循环是"生词和短语+课文一（对话体，包括汉字及拼音两种形式）+课文一听说练习+语言点及练习"；第二个循环是"课文二（叙述体，包括汉字及拼音两种形式）+课文二练习"；第三个循环是"综合练习"。三个循环结束后，是作为补充阅读材料的"文化掠影"。

　　这三个循环不是简单的重复，而是各有侧重和目的：

　　（1）第一个循环中的重点在学习词语和对话体课文，内容设计思路为：在完成内容输入后，针对日本学习者的特征，重点对学生进行听说训练，然后再通过对语言点的讲解和练习帮助学生掌握基本的语法知识。

（2）在第二个循环中，我们把课文一中的对话体课文改写成叙述体，复现第一部分的词语和一些语法点，起到帮助学生复习、加强记忆的作用。同时，这也是为了进一步训练学生的成段表述能力，更好地与中级阶段的成段表述衔接。第二个循环的练习部分继续以训练听说能力为主要目标，同时试图通过连词成句的形式来培养学生的语感。

（3）第三个循环是"综合练习"，这部分可帮助学生全面复习本课新词语，并通过"课堂活动"再一次把听说能力的训练放置到实际的交际过程中，同时起到活跃课堂的作用。这三个循环基本上按照实际教学过程安排，教师可以直接按照教材步骤进行课堂操作。

2. 内容设计

（1）课文设计

我们遵循功能与情景紧密结合的原则构思了上下两册的话题，尽量使这24课包含的情景和功能更具实用性。在编写课文内容时，我们既坚持了实用性的原则，同时也把趣味性看作不可或缺的重要因素，力图让学生不仅"要读"而且"爱读"。为了方便学生学习，我们给课文配置了拼音。之所以没有把拼音与文字排在一起，是为了让学生不要过分依赖拼音，渐渐适应在没有拼音的情况下阅读汉字，为学习中级部分做好充分的准备。在第二个循环中，我们把对话体课文改写为叙述体，并且设计了要求学生反复聆听录音、复述短文内容的练习形式，继续针对日本学生的特点加强听说能力的训练，有效提高学生开口率，进一步培养学生的语感。

（2）语言点讲解设计

准确的理解是学习语法的基础。在讲解语言点时，我们采用了汉语、日语两种讲解语言，加深学生对内容的理解。此外，每一个语言点下都设置了形式不同的练习，让学生即学即练，而且每次都有新鲜感，在学习中产生足够的成就感，增加学习的兴趣和动力。

（3）词语练习设计

关于词语的练习在前面的两个循环中似乎被"忽视"了。因此在第三个循环中，我们设计了"词汇练习"和"课堂活动"两个环节。"词汇练习"通过组词、搭配、填空、问答等多种形式，补充了在前面两个循环中重听说练习、轻词语练习的不足。

（4）课堂活动设计

"课堂活动"这个环节是全课词语、语言点在虚拟情景中的大操练，这个环节的设计再次回到情景与功能结合的原则上来。我们为每一课的课

堂活动都设计了具体、真实的情景,并在功能上提出明确的要求,让学生在真实情景中复习、运用本课所学的重点词汇和句式。

3."文化掠影"

语言与文化从来都是密不可分的。为此,我们在每一课的最后设置了"文化掠影"这个板块,内容的选择既紧密结合课文所学,又在此基础上有所扩展和延伸,能够丰富、开阔学生知识面,增加其对中国的了解。随文附上"关键词语提示",可以扩大学生词汇量;文后的"想一想,聊一聊"环节使教师和学生在读完这部分内容后"有事可做"。

鉴于准中级教材上述设计思路和特点,我们对教学提出如下建议:

1. 课时安排

本教材在日本环境下和在中国环境下都可以使用。在日本,一节课时长为90分钟,学完一课约需要3次课。如果每周1节课,学完一册约需36节课,大概一学年,两册全部学完大约需用4个学期,两学年。如果一周安排2—3节课,则一年可以学完两册。

在中国,一节课时长为50分钟,一般两节课连排。学完一课大约需用6节课(3次)。如果一周安排6节课,一学期可以学完一册,一学年可以学完两册。如果在以日本学生为主的短期班、培训班使用,以每周安排10节课(5次)计,一个半月左右可以学完10课,两个月可以学完一册。

当然,以上只是大概的估算。课程的进度与学生的数量和水平等因素也有着直接的关系,教师在教学中可以视情况具体安排。

2. 课堂操作

对于第一个循环中的词汇、对话体课文和语言点,建议分段穿插进行,即教一部分词语,接着教相应的课文,并把相关的语言点穿插在其中。这样可以使课堂教学保持一个良好的节奏,不会让学生产生枯燥冗长、缺乏变化的感觉。

在其他部分内容的课堂操作程序上,既可以按照教材安排的顺序进行,也可以根据学生情况有选择地加以变化或删减。比如,可以在学完词汇后先做"综合练习"中的"词语练习",也可以删减某个练习或"文化掠影"等内容。

以上建议仅供使用者参考。根据学生的需求和特点来灵活地安排教学,这是任何课堂教学都应该遵循的主要原则。

最后,我们要借此机会衷心感谢日本立命馆大学孔子学院对本教材的编写出版所给予的大力支持和帮助,也要衷心感谢北京大学出版社汉语编

辑室的编辑对本教材的精心审阅和有效推进。希望这部凝聚着中日两国汉语教师心血的教材能够受到使用者的欢迎,在对日汉语教学中起到应有的作用。也衷心欢迎使用者给我们的教材提出宝贵的意见和建议。

《中日桥汉语·准中级》主编　金舒年　绢川浩敏　池田巧
于2014年仲春时节

『中國語――日中のかけ橋 準中級』編 編集について

　この本は、北京大学対外漢語教育学院と立命館大学孔子学院が共同して編集した日本人学習者向けの国別教材『中國語――日中のかけ橋』シリーズ6冊の、準中級部分であり、上・下冊、各冊12課、あわせて24課あります。中級のやや低い部分（新HSKのレベルではほぼ3級に相当）の日本人学習者に使用してもらうことを想定しています。

　このレベルの学習者の特徴を考え、私たちはこの2冊の教材の編集方針と目的を以下のように設定しました。シーン別会話とコミュニケーション機能を軸に編集し、学習者の具体的状況とレベルに配慮しました。また、母語環境下にあるものと目標言語環境下にあるものという異なった環境にある学習者の双方を想定し、シーンのリアリティと実用性を重視するために、準中級は、上・下冊とも中国を設定シーンとして多く取り入れました。あわせて、できるだけコミュニケーション機能をシーンの中に表現するように努力し、初級段階で学習していない文法項目を補うことに努めました。本文はすべて対話体に記述体を加えた形式とし、自然で、負担にならない、楽しい、学習者の興味をかきたてる内容となるようにしました。練習の編集においては、さまざまな形式でリスニングとスピーキングを強化することに意を注ぎ、日本語を母語とする学習者向けの教材としての特長が実現するように努めました。学習者が準中級を学び終われば、語彙量は1600前後、単独で中国で生活することができ、中国語で簡単な日常的コミュニケーションができるようになります。

　本教材の特長は、課毎の構造的配置、各部分の内容構成に意を用いたこと、「文化点描」の3つの面に表れています。

　まず、構造的配置について。この2冊の教材を編集するに当たって、私たち編者は、1課ごとの構造的配置に細心の注意を払いました。各課ごとに3つの小サイクルを配置し、第一のサイクルは、「その課の語彙」＋「本文Ⅰ（対話体）」＋「本文ピンイン」＋「本文リスニングと会話練習」＋

「文法のポイントおよび練習」、第2のサイクルは「本文Ⅱ（記述体本文）」＋「本文Ⅱピンイン」＋「本文Ⅱ練習」、第3のサイクルが、総合練習であり、補充読解文としての「文化点描」です。この3つのサイクルは、単純な反復ではなくそれぞれ重点と目的があります。第一のサイクルでは単語と対話体の本文を学び、インプットした後で、日本人学習者の弱点を補うために、重点的にヒアリングとスピーキングの訓練を行ない、さらに文法ポイントの説明や練習を通して、学生が基本的な文法知識をマスターすることをサポートします。第二のサイクルでは、「本文Ⅰ」の対話体を記述体に書き換え、第一の部分の単語や文法のポイントをもう一度提示しました。これは、学生が復習し、記憶を確かなものにすることをサポートするためです。同時に、初級で学習した基礎の上に、一定の長さの文章で表現する能力を訓練するためであり、中級段階のパラグラフ表現とスムーズに連結させるためでもあります。第二のサイクルの練習部分では、継続して、リスニングと会話能力の訓練を主としましたが、同時に「成語を並び替えて文を作る」ことで学生の語感を検証・養成することを企図しています。第三のサイクルは「総合練習」です。この部分をデザインした主な目的はその課の新出単語を総復習することにあり、あわせて、「クラス活動」でもう一度リスニングと会話能力の訓練を実際のコミュニケーションプロセスの中に位置づけ、同時にクラスを生き生きとする役割を果たすことを期待しています。この三つのサイクルは、基本的に実際の授業の進行に応じて配置していますが、教員が教材の進度に応じて、直接コントロールしてもかまいません。

　この教材の第二の特長は課毎の各部分の内容構成に意を用いて配置したことに具体的に表しています。

　第一のサイクルでは、私たちはコミュニケーション機能とシーンをしっかりと結びつけ、この基準から、上・下二冊の話題を構想し、できうるかぎりこの24課に含まれるシーンとコミュニケーション機能に実用性が備わるように工夫しました。テキストの本文内容を編集し書く上で、私たちは実際に役に立つという原則を堅持し、同時に楽しさを欠くべからざる重要な要素と考え、学生に「読ませる」だけでなく「読みたい」ものとなるよう努めました。学生が学習する便宜のため、本文にはピンインを配置しましたが、ピンインと文字とを同一ページには組まなかったのは、学生がピンインに過剰に依存しないようにするためであり、徐々に

ピンインがない状況の下で漢字を読めるようになり、中級部分の学習の十分な準備を行えるようにするためです。正確な理解は文法学習の基礎です。文法ポイントの説明には、日本語の翻訳をつけ、文法ポイントごとに、異なった形式の練習を置きました。学生に学びながら練習させ、しかもそのたびごとに新鮮な感覚を持ち、学習していく中で、十分な達成感を得て、学習への興味とモチベーションを高められるようにするためです。

　第二のサイクルでは、対話体の本文を記述体に書き換え、練習で学生が反復してしっかりと聞き、短文の内容を自分の言葉に置き換えて話す形式にデザインしました。日本人学生の弱点であるリスニングと会話能力の訓練に的を絞った強化を継続して行い、学生の発声する時間を効果的に延ばし、学生の語感をよりいっそう養成しようと試みました。

　語句の練習については、前の二つのサイクルでは「軽視」しているように見えます。このため、第三のサイクルで、「語句練習」と「クラス活動」の二つのセクションをデザインしました。「語句練習」は、「単語の並べ替え」「単語の組み合わせ」「空欄補充」「問答のやり取り」など多彩なスタイルで、前の二つのサイクルでのリスニングと会話練習を重視し語句練習を軽視した「不十分さ」を補いました。そして、「クラス活動」はその課全体の語句、文法ポイントのバーチャルシーンでの大訓練であり、このセクションのデザインは、もう一度シーンとコミュニケーション機能の結合という原則に戻って、課毎のクラス活動は、具体的で、リアリティをもったシーンをデザインし、コミュニケーション機能の点で、学生にリアリティをもったシーンでその課で学んだ重要語彙や構文を復習させ、活用させるというはっきりした要求を提起しています。

　言語と文化はこれまでずっと密接不可分なものでした。このため、課毎の最後に「文化点描」というセクターを置きました。内容の選択は、本文の内容と緊密に結びあったものである上に、この基礎を展開・発展させ、しかも後ろに「関連語句のヒント」と「ちょっと考えて話してみよう」という2つのセクションを並べることで、教員や学生がこの部分の内容を読み終わった後で「すべきことがある」状態にさせ、同時に語彙量を増やし、学生の知識を豊かに広げ、中国に対する理解を深める役割を果たすようにしました。これが、本教材の第三の特徴と言えます。

　準中級教材の以上のデザイン構想と特長を考慮すると、私たちは教育方法に対して以下のような提案をしたいと思います。

一、本教材は、日本でも、中国でもどちらでも使用できます。

日本では、一コマ90分ですので、一課を学び終えるのに3コマを必要とします。毎週1コマで、どちらもすべて学び終えるのに36コマを必要とし、おおむね一学年です。二冊すべてを学び終えるのにおおよそ4学期、二学年が必要です。もし、一週に2、3コマ配置できれば、一年で二冊を学び終えることができます。

中国では、一コマ50分で、普通は二コマ連続で配置されています。一課を学び終えるのにおおよそ6コマ、三回の授業が必要です。一週6コマが配置され、つまり三回の授業ならば、1学期で1冊を学び終えることができ、一学年で二冊学び終えられます。日本人学生を主とする短期クラスや研修クラスで使用し、毎週10コマつまり5回の授業ならば、一ヵ月半前後で10課学ぶことができ、二ヶ月で一冊学び終えることができます。

もちろん、以上のことはおおよその試算に過ぎず、カリキュラムの進度は、学生の数とレベルなどに直接関係することです。教員が教室の中で状況を見ながら具体的にコントロールしてください。

二、第一のサイクルの語彙、対話体の本文と文法ポイントについては、部分部分に分けて授業を進行する、つまり語句の一部を教えたら、続けて対応する本文を教え、あわせて対応する文法ポイントをその中に交えることを提案します。こうすれば教室によいリズムを保つことができ、単調で長く、変化に乏しいという感覚を学生に感じさせないと思います。

三、その他の内容のクラス運営についての手順は、テキストの配置順序のまま行ってもらっても、学生の状況を見ながら選択的に変化させたり削ったりしてもいいと思います。例えば、語彙を学び終わった後でまず「総合練習」の中の「語句練習」を行ったりしてもよいですし、一部の練習や「文化点描」を削ったりしても結構です。

以上の提案は使用者の参考にしてください。学生の必要性と特長に基づいて生き生きとした教育的配慮をすることは、どんな教室でも守るべき大原則です。

最後に、私たちは、この場を借りて日本の立命館孔子学院から本教材の編集出版に当たって多大な支援を与えられたことに衷心より感謝します。また、北京大学出版社の指導部と言語編集室の編集者にも本教材に対して心を込めて閲読審査していただき効果的なアドバイスをいただいたことに衷心より感謝します。この日中両国の中国語教師が心血

を注いだ教材が使用者に歓迎され、日本人に対する中国語教育にふさわしい役割を果たすことができれば幸いです。使用してくださった方々からの貴重な意見や提案も心から歓迎します。

『中國語——日中のかけ橋・準中級』編　主編　金舒年　絹川浩敏　池田巧
　　　　　　　　　　　　　　　　　　　　　2014年仲春の折

目 录

页码	课文	语言点	知识链接
1	第13课 我的邮箱地址是……	1. 过得怎么样 2. 虽然……但是…… 3. 发过去（动+过去/来） 4. 一边……一边……	数字中的文化
19	第14课 网上购物挺方便的	1. 比……+形容词+多了 2. 不过 3. 关于 4. 否则	网络购物在中国
40	第15课 是倒霉还是运气好？	1. 差不多 2. 赶紧 3. 说不定 4. 贴着（V+着）	挂失及其他
61	第16课 请填一下申请表	1. 从……到…… 2. 能 3. 到 4. 原来	中国学校里的学生社团
80	第17课 幸亏不是大问题	1. 从来 2. 洗着洗着（V着V着） 3. 怎么 4. 幸亏 5. 不如	中国的维修服务
100	第18课 今天我真有口福	1. 稍微 2. 表示味道的词（酸、甜、苦、辣、咸） 3. 把……切成 4. 光	中国的饮食文化

121	第19课 欢迎你来我们家	1. 好好儿 2. 特意 3. 原来 4. 看来	中国人送礼物的禁忌
139	第20课 爱情有时候说不明白	1. 又……又…… 2. 对了 3. 别提了 4. 挑来挑去（V来V去）	汉语和日语中的"爱情"
159	第21课 我们的好伙伴儿	1. 越来越 2. 软软的、白白的（形容词重叠） 3. 怪不得 4. 总是	汉语中的"狗"
180	第22课 快到端午节了	1. 正 2. 无论……都…… 3. 连……也…… 4. 果然	中国的主要传统节日及习俗
200	第23课 传统艺术其实挺美的	1. 被称为 2. 从小 3. 值得 4. 之一	京剧脸谱
218	第24课 北京值得游览的地方太多啦	1. 亲眼 2. 非……不可…… 3. 不但……而且…… 4. 随时	上海
237	词语表		
255	语言点索引		
257	听力文本		

第13课　我的邮箱地址是……

课前热身

- 你假期做什么了？
- 你平时怎么跟家人或朋友联系？
- 你喜欢发短信还是用Email写信？为什么？

一、生词和短语

1. 学期	xuéqī	名	学期	新~；上个~。
2. 假期	jiàqī	名	休暇期間	这个~我很忙。
3. 参观	cānguān	动	見学する	~博物馆；欢迎~。
4. 通过	tōngguò	介	…を通じて	~跟他们聊天，我学到了很多。
5. 聊天	liáo tiān		おしゃべりする、世間話をする	跟朋友~；聊了一会儿天；我喜欢~。
6. 进步	jìnbù	动	進歩する	~很大。
7. 上网	shàng wǎng		インターネットにアクセスする	我不喜欢~；你上了多长时间网？
8. 视频	shìpín	名	ビデオ、映像	~聊天；播放~。

1

9. 就是……也……	jiùshì … yě …		(仮説や譲歩をあらわす)たとえ…であろうと…だ	这个问题很难,就是老师也不能马上回答出来。
10. 但是	dànshì	连	しかし、けれども	她吃得很多,~不胖。
11. 效果	xiàoguǒ	名	効果	有~;~很好。
12. 不如	bùrú	动	~に及ばない	我的汉语水平~你。
13. 交流	jiāoliú	动	交流する、交流	跟同学~;互相~。
14. 网络	wǎngluò	名	インターネット、ネットワーク	~歌曲;~新闻;~公司。
15. 完全	wánquán	副	まったく、完全に	~忘记;~不知道;~没听懂。
16. 选择	xuǎnzé	动	選ぶ、選択する	~日期;~时间;~专业。
17. 篇	piān	量	文章、ページを数える	一~作文;一~文章;一~新闻。
18. 题目	tímù	名	題目、テーマ	作文~;演讲~。
19. 电子邮件	diànzǐ yóujiàn		Eメール	写~;发~。
20. 发	fā	动	送る	~邮件;~材料。
21. 邮箱	yóuxiāng	名	郵便ポスト、邮箱地址:Eメールアドレス	这是我的~;电子~;~地址。
22. 地址	dìzhǐ	名	住所	通信~;家庭~。
23. 附件	fùjiàn	名	添付ファイル	下载~;上传~。
24. 保存	bǎocún	动	保存する、セーブする	~附件;~照片;~材料。

第13课　我的邮箱地址是……

25. 聚	jù	动	集まる	～一～;～会。
26. 建议	jiànyì	名/动	提案する、建議する	一个～;提～;～假期出去旅行。
27. 聚会	jùhuì	名/动	集まる、集まり	同学～;朋友～;参加～。
28. 同意	tóngyì	动	認める、賛成する	很多人不～我的建议。
29. 主意	zhǔyi（口语多读zhúyi）	名	意見、主張	我有一个～;好～。
30. 短信	duǎnxìn	名	(携帯電話などの)短いメッセージ、ショートメール	写～;发～。
31. 打算	dǎsuan	名/动	…するつもりだ	你假期～去哪儿? 你有什么～?

二、课文一及练习

（新学期开学，上课前。）

渡　边：好久不见！假期过得怎么样？

山　田：很有意思！我去北京、上海旅行了，参观了很多有名的地方，还认识了很多中国朋友。通过跟他们聊天，我感觉自己的口语进步很大。你假期过得也不错吧？

渡　边：我回国了，整天待在家里，除了上网之外，还通过视频跟中国朋友聊天。我觉得就是不在中国也可以练习口语。

山　田：是吗？虽然网上视频可以练习口语，但是效果不如面对面交流好吧？因为网络有时候会比较慢，交流起来不顺畅;再说，面对面交流的感觉跟在网上聊天完全

不一样啊。

渡　　边：但是如果不能来中国的话,网络学习也是一个选择啊。

山　　田：你说得对,等回国了,我也要试试这个办法。

　　（下课前。）

王老师：今天我们的作业是写一篇小作文,题目是《我的假期生活》,请大家介绍一下你在假期里做了什么。大家可以把作业通过电子邮件发给我。我的邮箱地址是hanyulaoshi@……。另外,最好把你的作文贴在附件里,这样保存时就比较方便了。

山　　田：老师,什么时候给您发过去呢？

王老师：周日晚上八点前发给我吧。

　　（下课后。）

渡　　边：大家好！我叫渡边英一,认识大家很高兴。这个周末大家聚一聚怎么样？

同学一：好啊,在哪儿聚？

渡　　边：我知道一家很有名的火锅店,大家可以一边吃火锅一边聊天。我还有一个建议：聚会的时候,大家都说汉语,好吗？

同学二：很有意思,我同意。

渡　　边：如果你们有什么更好的主意,可以现在告诉我,也可以给我发短信或者发电子邮件。

同学三：能不能告诉我们你的手机号和邮箱地址？

渡　　边：噢,对不起,我忘了告诉大家了。我的手机号是1360……,邮箱地址是dubian@……。

第13课 我的邮箱地址是……

(Xīn xuéqī kāixué, shàng kè qián.)

Dùbiān: Hǎo jiǔ bú jiàn! Jiàqī guòde zěnmeyàng?

Shāntián: Hěn yǒu yìsi! Wǒ qù Běijīng、Shànghǎi lǚxíng le, cānguānle hěn duō yǒumíng de dìfang, hái rènshile hěn duō Zhōngguó péngyou. Tōngguò gēn tāmen liáo tiān, wǒ gǎnjué zìjǐ de kǒuyǔ jìnbù hěn dà. Nǐ jiàqī guòde yě búcuò ba?

Dùbiān: Wǒ huí guó le, zhěngtiān dāi zài jiālǐ, chúle shàng wǎng zhīwài, hái tōngguò shìpín gēn Zhōngguó péngyou liáo tiān. Wǒ juéde jiùshì bú zài Zhōngguó yě kěyǐ liànxí kǒuyǔ.

Shāntián: Shì ma? Suīrán wǎngshàng shìpín kěyǐ liànxí kǒuyǔ, dànshì xiàoguǒ bùrú miàn duì miàn jiāoliú hǎo ba? Yīnwèi wǎngluò yǒushíhou huì bǐjiào màn, jiāoliú qǐlái bú shùnchàng; zàishuō, miàn duì miàn jiāoliú de gǎnjué gēn zài wǎngshàng liáo tiān wánquán bù yíyàng a.

Dùbiān: Dànshì rúguǒ bù néng lái Zhōngguó dehuà, wǎngluò xuéxí yě shì yí gè xuǎnzé a.

Shāntián: Nǐ shuō de duì, děng huí guó le, wǒ yě yào shìshi zhège bànfǎ.

(Xià kè qián.)

Wáng lǎoshī: Jīntiān wǒmen de zuòyè shì xiě yì piān xiǎo zuòwén, tímù shì "wǒ de jiàqī shēnghuó", qǐng dàjiā jièshào yíxià nǐ zài jiàqī lǐ zuòle shénme. Dàjiā kěyǐ bǎ zuòyè tōngguò diànzǐ yóujiàn fāgěi wǒ. Wǒ de yóuxiāng dìzhǐ shì hanyulaoshi@……. Lìngwài, zuì hǎo bǎ nǐ de zuòwén tiē zài fùjiàn lǐ, zhèyàng bǎocún shí jiù bǐjiào fāngbiàn le.

Shāntián: Lǎoshī, shénme shíhou gěi nín fā guòqù ne?

Wáng lǎoshī: Zhōurì wǎnshang bā diǎn qián fāgěi wǒ ba.

（Xià kè hòu.）

Dùbiān: Dàjiā hǎo! Wǒ jiào Dùbiān Yīngyī, rènshi dàjiā hěn gāoxìng. Zhège zhōumò dàjiā jùyijù zěnmeyàng?

Tóngxué yī: Hǎo a, zài nǎr jù?

Dùbiān: Wǒ zhīdào yì jiā hěn yǒumíng de huǒguōdiàn, dàjiā kěyǐ yìbiān chī huǒguō yìbiān liáo tiān. Wǒ háiyǒu yí gè jiànyì: jù huì de shíhou, dàjiā dōu shuō Hànyǔ, hǎo ma?

Tóngxué èr: Hěn yǒu yìsi, wǒ tóngyì.

Dùbiān: Rúguǒ nǐmen yǒu shénme gèng hǎo de zhúyi, kěyǐ xiànzài gàosu wǒ, yě kěyǐ gěi wǒ fā duǎnxìn huòzhě fā diànzǐ yóujiàn.

Tóngxué sān: Néngbunéng gàosu wǒmen nǐ de shǒujīhào hé yóuxiāng dìzhǐ?

Dùbiān: Ō, duìbuqǐ, wǒ wàngle gàosu dàjiā le. Wǒ de shǒujīhào shì 1360……, yóuxiāng dìzhǐ shì dubian@……

课文一听说练习

听后根据录音复述并写出听到的句子

(1)

(2)

(3)

(4)

(5)

(6)

(7) _____
(8) _____
(9) _____
(10) _____

三、语言点及练习

（一）假期过得怎么样？

"……过得怎么样？"是中国人见面时常用的寒暄语，你可以详细回答，也可以非常简单地回答"过得很好""不错""还可以"等。出于礼貌，往往还会问对方"你呢？"或者"你怎么样？"。

「……過得怎麼樣？」は、中国人がよく使う挨拶言葉です。詳しく答えても、非常に簡単に「過得很好」、「不錯」、「還可以」と答えてもよいのです。礼儀上、相手に対して「你呢？」、「你怎麼樣？」と問い返すことも少なくありません。

1. 听录音，仿照例子完成下面的句子

(1) 假期过得怎么样？过得很好。

(2) _____ 过得怎么样？ _____。

(3) _____ 过得怎么样？ _____。

(4) _____ 过得怎么样？ _____。

(5) _____ 过得怎么样？ _____。

(6) _____ 过得怎么样？ _____。

2. 在下面的情境下，跟你的同伴进行对话

例如，昨天是山田的生日，今天你在教室看见他，你会问：昨天生日过得怎么样？

情境一：你的高中同学刚从美国留学回来。
情境二：你最近没有见到你的朋友，今天见面了。
情境三：新年假期刚过，你和朋友在学校见面了。

3. 扩展

这个句式中的动词是可以变换的，比如，做得怎么样？长得怎么样？说得怎么样？演得怎么样？复习得怎么样？练习得怎么样？打扫得怎么样？

（二）**虽然**网上视频可以练习口语，**但是**效果不如面对面交流好吧？

"虽然……但是……"是一个转折复句。表示承认甲事为事实，但乙事并不因为甲事而不成立。

「虽然……但是……」は、逆接の複文です。甲が事実であることを認めながらも、乙が甲に関わらず成り立つことをあらわします。

1. 听录音，仿照例子完成下面的句子

（1）虽然汉语很难，但是很有意思。

（2）虽然这件衣服很＿＿＿＿＿＿，但是＿＿＿＿＿＿很好。

（3）虽然他的女朋友很＿＿＿＿＿＿，但是＿＿＿＿＿＿不太好。

（4）虽然我的房间很＿＿＿＿＿＿，但是很＿＿＿＿＿＿。

2. 任务练习

先和你的同桌一起讨论做下面这些事情的好处和坏处，然后用"虽然……但是……"说一句话。

做的事情	好处	坏处
减肥		
养宠物		
看电视		
吃快餐		
喝咖啡		
打的（坐出租车）		

（三）什么时候给您发过去呢？

"动+过去/来"是动词的趋向补语形式，"来"和"去"表示方向，"来"是动作朝着说话人运动的，而"去"则是动词离开说话人运动的。这样的动词还有：跑、走、飞、拿、送、邮、寄……。

「動+過去/来」は、動詞の方向補語の形式です。「来」と「去」は方向をあらわし、「来」は動作が話者に向かうこと、「去」は動作が話者から離れることをあらわします。「来・去」とともに用いられる動詞には、「跑、走、飞、拿、送、邮、寄……」があります。

1. 选词填空

走过来　走过去　拿过来　拿过去　寄过来　寄过去

（1）请你把书给我　　　　　　　好吗？

（2）你把作业给我们的汉语老师　　　　　　　了吗？

（3）我的妈妈昨天把包裹给我　　　　　　　了。

(4) 他一看我们,就向我们＿＿＿＿＿＿＿＿＿＿。

(四) 大家可以一边吃火锅一边聊天。

"一边＋动₁＋一边＋动₂"表示两个动作同时进行。单音节的动词常常用"边动₁边动₂",而双音节或双音节以上的动词要用"一边"。

「一边＋動詞₁＋一边＋動詞₂」は二つの動作が同時に行われることをあらわします。単音節の動詞は、「一」を略して「边＋動詞₁边＋動詞₂」の形で常用されますが、動詞が２音節あるいは２音節以上の場合には「一边」とする必要があります。

1. 听录音,仿照例子完成下面的句子

(1) 一边唱歌一边跳舞。

(2) 一边＿＿＿＿＿＿一边＿＿＿＿＿＿。

(3) 一边＿＿＿＿＿＿一边＿＿＿＿＿＿。

(4) 一边＿＿＿＿＿＿一边＿＿＿＿＿＿。

2. 任务练习

下面是小王的一天,请你给他一些建议,说说哪些是好的习惯,哪些不太好。为什么?(提示:我认为一边＿＿＿＿＿一边＿＿＿＿＿是好的/不好的习惯,因为＿＿＿＿＿)

小王的一天		
7:00 宿舍	吃早饭	看新闻
10:00 教室	上课	发短信
12:30 路上	骑自行车	打电话
16:00 图书馆	看书	听音乐

第13课 我的邮箱地址是……

(续表)

小王的一天		
18:00食堂	吃晚饭	跟朋友聊天
20:00宿舍	上网聊天	喝啤酒
22:00浴室	洗澡	唱歌

四、课文二及练习

　　新学期开学,山田和渡边又见面了。山田假期去北京、上海旅行,参观了很多有名的地方。另外,他还认识了很多中国朋友,通过跟中国朋友聊天,他的口语有了很大进步。渡边假期回日本了,他整天在家里,除了上网之外,还通过视频跟中国朋友聊天。他觉得不在中国也可以练习口语。山田说,虽然网上视频可以练习口语,但是效果不如面对面交流好。渡边认为,对于不能来中国学习的外国人来说,选择网络学习也是个好办法。山田同意这个看法。

　　今天的汉语作业是写一篇作文:《我的假期生活》。老师让大家介绍自己在假期里做了什么,并且要求周日晚8点前把作业用电子邮件发给老师。老师还请大家把作文放到附件里,那样保存时比较方便。

　　下课以后,渡边和同学们一起商量聚会的事情。渡边建议去一家火锅店,在那里大家可以边吃边聊,并且建议大家聚会时说汉语。同时他也说,如果其他同学有好的主意,可以给他发短信或者电子邮件。

Xīn xuéqī kāixué, Shāntián hé Dùbiān yòu jiàn miàn le. Shāntián jiàqī qù Běijīng、Shànghǎi lǚxíng, cānguānle hěn duō yǒumíng de dìfang. Lìngwài, tā hái rènshile hěn duō Zhōngguó péngyou, tōngguò gēn Zhōngguó péngyou liáo tiān, tā de kǒuyǔ yǒule hěn dà jìnbù. Dùbiān jiàqī huí Rìběn le, tā zhěngtiān zài jiālǐ, chúle shàng wǎng zhīwài, hái tōngguò shìpín gēn Zhōngguó péngyou liáo tiān. Tā juéde bú zài Zhōngguó yě kěyǐ liànxí kǒuyǔ. Shāntián shuō, suīrán wǎngshàng shìpín kěyǐ liànxí kǒuyǔ, dànshì xiàoguǒ bù rú miàn duì miàn jiāoliú hǎo. Dùbiān rènwéi, duìyú bù néng lái Zhōngguó xuéxí de wàiguórén lái shuō, xuǎnzé wǎngluò xuéxí yě shì gè hǎo bànfǎ. Shāntián tóngyì zhège kànfǎ.

Jīntiān de Hànyǔ zuòyè shì xiě yì piān zuòwén: "wǒ de jiàqī shēnghuó". Lǎoshī ràng dàjiā jièshào zìjǐ zài jiàqī lǐ zuòle shénme, bìngqiě yāoqiú zhōurì wǎn bā diǎn qián bǎ zuòyè yòng diànzǐ yóujiàn fāgěi lǎoshī. Lǎoshī hái qǐng dàjiā bǎ zuòwén fàng dào fùjiàn lǐ, nàyàng bǎocún shí bǐjiào fāngbiàn.

Xià kè yǐhòu, Dùbiān hé tóngxuémen yìqǐ shāngliang jù huì de shìqing. Dùbiān jiànyì qù yì jiā huǒguōdiàn, zài nàlǐ dàjiā kěyǐ biān chī biān liáo, bìngqiě jiànyì dàjiā jù huì shí shuō Hànyǔ. Tóngshí tā yě shuō, rúguǒ qítā tóngxué yǒu hǎo de zhúyi, kěyǐ gěi tā fā duǎnxìn huòzhě diànzǐ yóujiàn.

课文二练习

1. 先听一遍录音,然后填空

新学期开学,山田和渡边又_____了。山田假期去北京、上海旅行,_____了很多有名的地方。另外,他还_____了很多中国朋友,通过跟中国朋友_____,他的口语有了很大_____。渡边假期回日本了,他整天在家里,除了_____之外,还_____视频跟中国朋友聊天。山田说,

第13课　我的邮箱地址是……

虽然网上视频可以练习口语,_____效果不如面对面交流好。渡边认为,对于不能来中国学习的外国人来说,_____网络学习也是个好办法。山田同意这个看法。

今天的汉语作业是写_____作文:《我的假期生活》。老师让大家介绍自己在_____里做了什么,并且_____周日晚8点之前把作业用_____发给老师。老师还请大家把作文放到_____里,那样保存时比较方便。

下课以后,渡边和同学们一起商量_____的事情。渡边建议去一家火锅店,在那里大家可以_____,并且建议大家聚会时说汉语。同时他也说,如果其他同学有好的_____,可以给他发短信或者电子邮件。

2. 再听一遍录音,然后填表

听第一段录音,填写下面的表格。

人物	假期生活		对汉语学习的帮助
山田	去哪儿		
	做什么		
渡边	去哪儿		
	做什么		

听第二段录音,填写下面的表格。

今天的作业题目		
老师的要求	写什么	
	什么时候给老师	
	怎么给老师	

听第三段录音,填写下面的表格。

渡边建议去……	
干什么……	
还建议……	
他希望……	

3. 连词成句

(1) 到　还　大家　附件　作文　把　老师　请　放　里

_____。

(2) 让　在　介绍　老师　什么　假期　大家　自己　里　做了

_____。

(3) 跟　他的　很大　有了　通过　聊天　中国朋友　进步　口语

_____。

4. 试着根据练习2的表格复述课文

五、综合练习

词汇练习

1. 组词(两个或三个)

例:书　书本/图书/书店

参 _____　　电 _____

意 _____　　网 _____

第13课　我的邮箱地址是……

件 _____　　　果 _____

2. 词语搭配

交流 _____　　选择 _____　　保存 _____

主意 _____　　短信 _____　　参观 _____

发 _____　　练习 _____　　保存 _____

贴 _____　　说 _____　　吃 _____

3. 选词填空

通过　　但是　　不如　　选择　　建议　　打算

(1) 北京、上海都是很有名的大城市，如果只_____一个旅行，真的很难。

(2) 你能不能给到日本学习的中国学生一些_____？

(3) 虽然他每天都玩，_____汉语说得很好。

(4) _____跟中国人交流，我的汉语有了进步。

(5) 我们家的电脑_____你的好。

(6) 周末，你_____做什么？

4. 问答练习（回答时须使用指定的词语）

(1) 在日本，一年有几个假期？你最喜欢哪个假期？

(2) 如果你的中国朋友到日本，你会带(dài)他/她参观什么地方？

(3) 你喜欢跟什么样的人聊天？为什么？

(4) 你的汉语有进步吗？进步快吗？

(5) 你喜欢面对面交流还是通过电话等交流？

(6) 在日本,选择网络学习的人多吗?
(7) 你喜欢发电子邮件还是喜欢写信? 为什么?
(8) 你最喜欢跟朋友聊什么? 你跟朋友聊天最长聊多长时间?
(9) 如果你的中国朋友来日本留学,请你给她/他一个建议。
(10) 你最近有什么打算? 你打算这个周末做什么?

5. 生词扩展

本课与通信有关的词汇有哪些?
你还知道其他与通信有关的词汇吗?

课堂活动

1. 我是小记者

　　下面请你以记者的身份采访你周围的同学,了解如下内容:假期生活、学习汉语的好方法、新学期的打算。然后向全班同学做一个特别报道。

在采访中可能会用到的词语:假期、参观、对……有帮助、方法、虽然……但是……、有意思、没意思、高兴、希望、新学期、努力、了解。

2. 生日聚会

明天班长要过生日,大家都想为班长举办一个特别的生日聚会。全班分成几个小组,分别讨论并设计一份生日聚会的方案(fāng'àn),每个小组选派一个代表向同学们展示你们的方案,看看哪个方案最好。

提示一:(讨论内容)时间、地点、准备什么、做什么、联系人、联系方式。

提示二:(讨论可能会用的词语)蛋糕、蜡烛、吹灭、建议、打算、同意、主意、短信、电子邮件、手机号、邮箱地址、惊喜、特别。

3. 我是设计师

假设你是手机设计公司的设计师,请你为公司设计一款最受年轻人欢迎的手机。先画设计图,再向全班同学介绍。

小提示:可能会用到的词语
款式、颜色、时髦、时尚、流行、按键、功能、短信、邮件、MP3、MP4、照相、摄像、屏幕、录音、上网。

4. 听歌学汉语

听《对面的女孩看过来》这首歌,看看谁能在这首歌里找到我们刚刚学过的生词?

六、文化掠影

数字中的文化

大部分中国人比较喜欢的数字是6、8、9。在汉语中有"六六大顺"的说法，所以"6"有顺利的意思，"8"在<u>粤语</u>中与"发"<u>谐音</u>，有"发财"的意思，"9"因为与"久"谐音，有"长久"之意。而"4"与"死"谐音，很多人都不太喜欢。另外，手机号码、电话号码和<u>门牌号</u>、<u>车牌号</u>等号码中的"1"要读成"yāo"，一般不读"yī"。作为汽车的车牌号，"168"这个数字很受欢迎，因为它的谐音是"一路发"；而"514"这个号码很多人不喜欢，就是因为它的谐音是"吾要死"（我要死）。

虽然数字中有这样的文化，但也有一些中国人不太<u>在意</u>与自己有关的号码是哪些数字。

粤语（yuèyǔ）：広東語。
谐音（xiéyīn）：漢字の発音が同じである。（近い）

门牌号（ménpáihào）：番地、住宅表示番号。
车牌号（chēpáihào）：ナンバープレート番号

在意（zài yì）：気にかける。

想一想，聊一聊

（1）中国人喜欢哪些数字？为什么？
（2）中国人不喜欢哪些数字？为什么？
（3）中国、日本在数字文化方面有哪些异同？

第14课　网上购物挺方便的

课前热身

☞ 你在网上买过东西吗？买过什么？
☞ 你喜欢在网上买东西吗？为什么？
☞ 你还喜欢上网做什么？

一、生词和短语

1. 购物	gòu wù		ショッピング	网上~；去超市~。
2. 关于	guānyú	介	…に関して、…に関する	一本~学习的书；~这个问题，我不太清楚。
3. 流程	liúchéng	名	プロセス	购物~；生产~。
4. 详细	xiángxì	形	詳しい	~的说明；~回答。
5. 演示	yǎnshì	动	実演して示す	~图片；~内容；用电脑~。
6. 急性子	jíxìngzi	名	短気な人	我是个~；反义词:慢性子。
7. 输入	shūrù	动	入力する	~文字；~内容。
8. 注册	zhùcè	动	登録する	新生~；开学~；在网上~。

9. 账户	zhànghù	名	アカウント、口座	注册~;开~;取消~。
10. 申请	shēnqǐng	名/动	申請する、申請	~注册;~留学;~奖学金;~书。
11. 付款	fù kuǎn		支払う	用银行卡~。
12. 创建	chuàngjiàn	动	創立する	~账户;~公司。
13. 用户名	yònghùmíng	名	ユーザーネーム	申请~;输入~。
14. 密码	mìmǎ	名	パスワード	设~;输入~。
15. 直接	zhíjiē	形/副	直接の、直截に	他说话很~;你可以~给我打电话。
16. 充值	chōng zhí		チャージする	~卡;给手机~。
17. 确认	quèrèn	动	確かめる、確認する	~邮件;~消息;~名字;~密码。
18. 转	zhuǎn	动	取り次ぐ、転送する	把钱~到我的账户里。
19. 否则	fǒuzé	连	そうでなければ	记在纸上,~容易忘了。
20. 确实	quèshí	副	確かに	~很方便;~是这样。
21. 在线	zài xiàn		オンライン(にする)	~聊天;某人~。
22. 信息	xìnxī	名	情報	一条/则~;搜索~;确认~;~量。
23. 方式	fāngshì	名	方式、しかた	邮寄~;学习~;好的~;有效的~。

第14课　网上购物挺方便的

24. 一口价	yìkǒujià		即決価格	卖东西~；这个商店的东西是~。
25. 讨价还价	tǎojià-huánjià		値段の駆引きをする	到市场买东西要学会~。
26. 送货	sòng huò		商品を配達する	~上门；~服务。
27. 服务	fúwù	动/名	サービス、奉仕する	~好；~员；~台；为大家~。
28. 决定	juédìng	动/名	决める、决定	~试一下；作出~。
29. 点击	diǎnjī	动	クリックする	~鼠标；~率。
30. 立即	lìjí	副	直ちに、即刻	~购买；~起床。
31. 填写	tiánxiě	动	空欄に書き入れる	~表格；~申请表。
32. 千万	qiānwàn	副	くれぐれも	~要小心；~别忘了。
33. 解释	jiěshì	动/名	説明する、解釈する	~问题；~现象；~词语；作出~。
34. 弄	nòng	动	する、つくる	孩子把东西~坏了；把问题~明白。
35. 一举两得	yìjǔ-liǎngdé		一挙両得	这样做~；~的事情。

二、课文一及练习

（王峰和渡边在咖啡馆聊天。）

王　　峰：你看，这是我从网上买的电子词典，要比商店里卖的便宜多了。

渡　　边：在日本网上购物也很方便，不过我还不知道在中国怎么在网上买东西呢。

王　　峰：在中国，从网上购物时使用得比较多的是淘宝网。关于购物流程，那个网站上有很详细的说明。

渡　　边：你不是带着电脑吗？现在就给我演示一下吧。

王　　峰：你可真是个急性子啊。（王峰打开笔记本电脑）你看，只要输入"淘宝"两个字，然后用搜索引擎搜索一下就找到这个网站了。第一步你先要用自己的邮箱注册一个账户。第二步，你还需要申请一个支付宝的账户，这个账户是用来付款的。

渡　　边：我觉得挺麻烦的。

王　　峰：一点儿也不麻烦。你在注册账户的时候，只需要选择"同时创建支付宝账户"就可以了。这样的话，你的淘宝网账户就是你的支付宝账户，两个账户的用户名和密码是一样的。

渡　　边：不过为什么要用支付宝付款呢？不能从银行直接付款吗？

王　　峰：对买方和卖方来说用支付宝都更安全。你先通过网上银行给支付宝充值，买东西的时候，用支付宝里的钱买，等你收到商品、并在网上确认以后，支付宝里的钱才会转到卖方的银行账户上，否则你还可以通过申

第14课　网上购物挺方便的

诉拿回自己的钱。

渡　　边：明白了。虽然有点儿麻烦，但是确实很安全。

王　　峰：而且你找到自己喜欢的商品后，还可以和卖方在线聊天，了解商品信息，比如说商品的质量、价格和邮寄的方式等。不过很多商品是"一口价"，不能讨价还价。

渡　　边：这种在线聊天的方式确实很方便。他们一般怎么给顾客送货呢？

王　　峰：送货一般有平邮、快递和EMS三种方式。平邮是最普通的邮寄方式，比较慢。快递比平邮快一点儿。EMS就是邮政特快专递服务，不但快而且很安全，但是比较贵。如果你决定要购买以后，可以点击"立即购买"，然后填写自己的姓名、住址和电话，电话非常重要，千万不要填错。最后你通过支付宝付款就可以了。

渡　　边：如果你不给我解释，我还真弄不清楚这些事。谢谢！

王　　峰：别客气！你自己在网上买几次就没问题了，而且你通过网上购物还能学到很多网络词语呢。

（Wáng Fēng hé Dùbiān zài kāfēiguǎn liáo tiān.）

Wáng Fēng：　Nǐ kàn, zhè shì wǒ cóng wǎngshàng mǎi de diànzǐ cídiǎn, yào bǐ shāngdiàn lǐ mài de piányi duō le.

Dùbiān：　Zài Rìběn wǎngshàng gòu wù yě hěn fāngbiàn, búguò wǒ hái bù zhīdào zài Zhōngguó zěnme zài wǎngshàng mǎi dōngxi ne.

Wáng Fēng：　Zài Zhōngguó, cóng wǎngshàng gòu wù shí shǐyòng de bǐjiào duō de shì Táobǎo Wǎng. Guānyú gòu wù liúchéng, nàge wǎngzhàn shàng yǒu hěn xiángxì de shuōmíng.

Dùbiān: Nǐ bú shì dàizhe diànnǎo ma? Xiànzài jiù gěi wǒ yǎnshì yíxià ba.

Wáng Fēng: Nǐ kě zhēn shì gè jíxìngzi a.（Wáng Fēng dǎkāi bǐjìběn diànnǎo）Nǐ kàn, zhǐyào shūrù "Táobǎo" liǎng gè zì, ránhòu yòng sōusuǒ yǐnqíng sōusuǒ yíxià jiù zhǎodào zhège wǎngzhàn le. Dì-yī bù nǐ xiān yào yòng zìjǐ de yóuxiāng zhùcè yí gè zhànghù. Dì-èr bù, nǐ hái xūyào shēnqǐng yí gè Zhīfùbǎo de zhànghù, zhège zhànghù shì yònglái fù kuǎn de.

Dùbiān: Wǒ juéde tǐng máfan de.

Wáng Fēng: Yìdiǎnr yě bù máfan. Nǐ zài zhùcè zhànghù de shíhou, zhǐ xūyào xuǎnzé "tóngshí chuàngjiàn Zhīfùbǎo zhànghù" jiù kěyǐ le. Zhèyàng dehuà, nǐ de Táobǎo Wǎng zhànghù jiù shì nǐ de Zhīfùbǎo zhànghù, liǎng gè zhànghù de yònghùmíng hé mìmǎ shì yíyàng de.

Dùbiān: Búguò wèishénme yào yòng Zhīfùbǎo fù kuǎn ne? Bù néng cóng yínháng zhíjiē fù kuǎn ma?

Wáng Fēng: Duì mǎifāng hé màifāng lái shuō yòng Zhīfùbǎo dōu gèng ānquán. Nǐ xiān tōngguò wǎngshàng yínháng gěi Zhīfùbǎo chōng zhí, mǎi dōngxi de shíhou, yòng Zhīfùbǎo lǐ de qián mǎi, děng nǐ shōu dào shāngpǐn、bìng zài wǎngshàng quèrèn yǐhòu, Zhīfùbǎo lǐ de qián cái huì zhuǎn dào màifāng de yínháng zhànghù shàng, fǒuzé nǐ hái kěyǐ tōngguò shēnsù náhuí zìjǐ de qián.

Dùbiān: Míngbai le. Suīrán yǒudiǎnr máfan, dànshì quèshí hěn ānquán.

Wáng Fēng: Érqiě nǐ zhǎodào zìjǐ xǐhuan de shāngpǐn hòu, hái kěyǐ hé màifāng zài xiàn liáo tiān, liǎojiě shāngpǐn xìnxī, bǐrúshuō shāngpǐn de zhìliàng、jiàgé hé yóujì de fāngshì děng. Búguò hěn duō shāngpǐn shì "yìkǒujià", bùnéng tǎojià-huánjià.

第14课　网上购物挺方便的

Dùbiān: Zhè zhǒng zài xiàn liáo tiān de fāngshì quèshí hěn fāngbiàn. Tāmen yìbān zěnme gěi gùkè sòng huò ne?

Wáng Fēng: Sòng huò yìbān yǒu píngyóu、kuàidì hé EMS sān zhǒng fāngshì. Píngyóu shì zuì pǔtōng de yóujì fāngshì, bǐjiào màn. Kuàidì bǐ píngyóu kuài yìdiǎnr. EMS jiù shì Yóuzhèng Tèkuài Zhuāndì Fúwù, búdàn kuài érqiě hěn ānquán, dànshì bǐjiào guì. Rúguǒ nǐ juédìng yào gòumǎi yǐhòu, kěyǐ diǎnjī "lìjí gòumǎi", ránhòu tiánxiě zìjǐ de xìngmíng、zhùzhǐ hé diànhuà, diànhuà fēicháng zhòngyào, qiānwàn bú yào tiáncuò. Zuìhòu nǐ tōngguò Zhīfùbǎo fù kuǎn jiù kěyǐ le.

Dùbiān: Rúguǒ nǐ bù gěi wǒ jiěshì, wǒ hái zhēn nòng bù qīngchu zhèxiē shì. Xièxie!

Wáng Fēng: Bié kèqi! Nǐ zìjǐ zài wǎngshàng mǎi jǐ cì jiù méi wèntí le, érqiě nǐ tōngguò wǎngshàng gòuwù hái néng xuédào hěn duō wǎngluò cíyǔ ne.

课文一听说练习

听后根据录音复述并写出听到的句子

(1) _____

(2) _____

(3) _____

(4) _____

(5) _____

(6) _____

(7) _____

(8) _____

(9) _____

(10) _____

三、语言点及练习

（一）这是我从网上买的电子词典,要比商店里卖的便宜多了。

　　"A比B+形容词+多了"是口语中常见的句式,表示A在某方面比B程度高,而且高出很多。

　　「A比B+形容词+多了」は、口語で常用される文型です。Aはある面でBよりレベルが高く、しかも突出して高いことをあらわします。

　　なお比較文にはよく「要」が使われ、「…のようだ」といった推測や判断を表します。

1. 听录音,仿照例子完成下面的句子

（1）这款电子词典比那款贵多了。

（2）_____比_____多了。

（3）_____比_____多了。

（4）_____比_____多了。

2. 在下面的情境下,跟你的同伴进行对话

例句：A 电子词典的种类比 B 多多了。
B 电子词典的种类比 A 少多了。

A电子词典的种类	B电子词典的种类	
15种	5种	多/少
我哥哥 185cm	我 169cm	高/矮
小张家的面积 180m²	小刘家的面积 120m²	大/小
这台电脑网上的价格 5800元	这台电脑商店里的价格 6200元	贵/便宜

（二）在日本网上购物也很方便，不过在中国我还不知道怎么在网上买东西呢。

"不过"表示转折，但是转折的意思比"但是"轻，在读的时候常常拖长音："不过——"，语气比较委婉。"不过"后面的成分经常是前面内容的补充说明，如"他很喜欢吃水果,不过不太喜欢吃水果沙拉"。

「不过」は逆接をあらわしますが、逆接の強さは、「但是」より軽く、読むときには、よく長く音を伸ばします。「不过——」はやや遠まわしな言い方で、「不过」の後ろにくる部分は、前の内容の補充説明であることがよくあります。例えば、「他很喜欢吃水果,不过不太喜欢吃水果沙拉。」などです。

1. 听录音,仿照例子完成下面的句子

（1）他身体很好,不过最近精神有点儿差。

（2）她没有_____,不过她有一个_____。

（3）老李已经有_____了，不过看起来_____。

(4) 那家商店_____，不过_____非常好。

2. 根据情景提示，完成下面的对话

例：A：你有什么爱好？
　　B：我喜欢看电影、听音乐，不过我不太喜欢古典音乐。

(1) A：这次旅行怎么样？
　　B：_____，不过_____。

(2) A：这本小说怎么样？
　　B：_____，不过_____。

(3) A：这道菜怎么样？
　　B：_____，不过_____。

(4) A：_____怎么样？
　　B：_____，不过_____。

（三）关于购物流程，那个网站上有很详细的说明。

"关于"是介词，有两种用法，一种是用来引进动作行为所涉及的范围或事物，由它构成的介词结构一般位于句首，作状语。另一种是用来介绍事物的范围或内容，由它构成的介词结构作定语，格式为"关于……的"，如"这是一本关于古代历史的书"。另外，"关于"还可以出现在"是……的"结构中，如"这本书是关于中国历史的"。

「关于」は介词で、二つの用法があります。一つは動作行為の関わる範囲やモノ・コトを導入する役割を果たし、その構成する介词構造は普通文頭に置かれ、連用修飾語となります。もう一つは、モノ・コトの範囲や内容を紹介することに用いられ、その構成する介词構造は連体修飾語となります。形式は、「关于~的」となり、例えば、「这是一本关于古代历史的书。」のようになります。ほかに、「关于」は、「是~的」構造にあらわれ、「这本书是关于中国历史的。」ということができます。

第14课　网上购物挺方便的

1. **听录音,仿照例子完成下面的句子**

   (1) 关于这个问题,咱们明天再讨论吧。

   (2) 关于_____,_____。

   (3) 关于_____,_____。

   (4) 关于_____,_____。

2. **根据情景提示,完成下面的任务**

   例句:这本书的名字叫《上下五千年》,是一本关于中国历史的书。

   (1) 介绍一本书
   这本书的名字叫《_____》,是一本关于_____的书。

   (2) 介绍一则讲座的信息
   星期六学校有一场关于_____的讲座,对_____感兴趣的同学可以去听。

   (3) 介绍电视节目
   我最近经常看_____电视台的_____,那个节目是关于_____的,很有意思。

   (4) 介绍_____
   _____,_____。

(四) 在网上确认以后,支付宝里的钱才会转到卖方的银行账户上,否则你还可以通过申诉拿回自己的钱。

"否则"是"如果不这样"的意思。如果不是上文所说的情况,就产生或可能产生下文所说的情况或结果。

「否则」は「もしそうでないならば」の意味です。もし、前の文で述べた状況ではないならば、後ろの文で述べた状況あるいは結果が生じたり、生じる可能性があるということです。

1. 听录音,仿照例子完成下面的句子

(1) 学外语要多听多说,否则不可能学好。

(2) 明天你最好　　　　起床,否则　　　　　　　　　。

(3) 把空调温度　　　　一点儿,否则　　　　　　　　。

(4) 你应该买一个　　　　一点儿的包,否则　　　　　　。

2. 任务练习

在下面的情况下,你认为有哪些需要注意的地方?如果不那样做会出现什么结果?

例句:看电视的时候,你应该离电视远一点儿,否则对你的眼睛不好。

(1) 谈恋爱的时候,_____,否则_____。

(2) 买东西的时候,_____,否则_____。

(3) 吃饭的时候,_____,否则_____。

(4) _____的时候,_____,否则_____。

四、课文二及练习

　　王峰从网上买了一个电子词典,比商店里卖的便宜多了。渡边也想知道在中国从网上买东西的方法。王峰用自己的电脑给他演示了一下。下面就是王峰给渡边介绍的网上购物的流程。

　　在中国,人们从网上购物时经常使用的是淘宝网。首先,要用搜索引擎找到那个网站,然后用自己的电子邮箱注册。注册的时候要有两个账户,一个是淘宝网的,一个是支付宝的。在注册淘宝网的账户的时候,如果选择"同时创建支付宝账

第14课　网上购物挺方便的

户",那么支付宝的账户也就同时注册成功了,非常方便。支付宝是一种安全的付款方式。给支付宝充值以后可以先用支付宝的钱买东西,收到商品、确认后,支付宝的钱才会转到卖方的账户上。

另外,在淘宝网上买方可以和卖方在线聊天来了解商品信息。卖方送货的时候,买方有三种方式可以选择:平邮、快递和EMS。决定购买以后,需要点击"立即购买",还要填写姓名、住址和电话等信息。

讲完这个流程以后,王峰建议渡边试着在网上买东西,这样还可以学习网络词语。渡边也认为网上购物是一件"一举两得"的好事情。

Wáng Fēng cóng wǎngshàng mǎile yí gè diànzǐ cídiǎn, bǐ shāngdiàn lǐ mài de piányi duō le. Dùbiān yě xiǎng zhīdào zài Zhōngguó cóng wǎngshàng mǎi dōngxi de fāngfǎ. Wáng Fēng yòng zìjǐ de diànnǎo gěi tā yǎnshìle yíxià. Xiàmiàn jiù shì Wáng Fēng gěi Dùbiān jièshào de wǎngshàng gòu wù de liúchéng.

Zài Zhōngguó, rénmen cóng wǎngshàng gòu wù shí jīngcháng shǐyòng de shì Táobǎo Wǎng. Shǒuxiān, yào yòng sōusuǒ yǐnqíng zhǎodào nàge wǎngzhàn, ránhòu yòng zìjǐ de diànzǐ yóuxiāng zhùcè. Zhùcè de shíhou yào yǒu liǎng gè zhànghù, yí gè shì Táobǎo Wǎng de, yí gè shì Zhīfùbǎo de. Zài zhùcè Táobǎo Wǎng de zhànghù de shíhou, rúguǒ xuǎnzé "tóngshí chuàngjiàn Zhīfùbǎo zhànghù", nàme Zhīfùbǎo de zhànghù yě jiù tóngshí zhùcè chénggōng le, fēicháng fāngbiàn. Zhīfùbǎo shì yì zhǒng ānquán de fùkuǎn fāngshì. Gěi Zhīfùbǎo chōng zhí yǐhòu kěyǐ xiān yòng Zhīfùbǎo de qián mǎi dōngxi, shōudào shāngpǐn、 quèrèn hòu, Zhīfùbǎo de qián cái huì zhuǎn dào màifāng de zhànghù shàng.

Lìngwài, zài Táobǎo Wǎng shàng mǎifāng kěyǐ hé màifāng zàixiàn liáo tiān lái liǎojiě shāngpǐn xìnxī. Màifāng sòng huò de shíhou, mǎifāng yǒu sān zhǒng fāngshì kěyǐ xuǎnzé: píngyóu、kuàidì hé EMS. Juédìng gòumǎi yǐhòu, xūyào diǎnjī "lìjí gòumǎi", hái yào tiánxiě xìngmíng、zhùzhǐ hé diànhuà děng xìnxī.

　　Jiǎngwán zhège liúchéng yǐhòu, Wáng Fēng jiànyì Dùbiān shìzhe zài wǎngshàng mǎi dōngxi, zhèyàng hái kěyǐ xuéxí wǎngluò cíyǔ. Dùbiān yě rènwéi wǎngshàng gòu wù shì yí jiàn "yìjǔ-liǎngdé" de hǎo shìqing.

课文二练习

1. 先听一遍录音，然后填空

　　王峰从_____买了一个电子词典，比商店里卖的便宜_____。渡边也想知道在中国从网上买东西的方法。王峰用自己的电脑给他_____了一下。下面就是王峰给渡边介绍的网上购物的_____。

　　在中国，人们从网上购物时经常使用的是_____。首先，要用_____找到那个网站，然后用自己的电子邮箱_____。注册的时候要有两个_____，一个是淘宝网的，一个是支付宝的。在注册淘宝网的账户的时候，如果选择"同时创建支付宝账户"，那么支付宝的账户也就同时注册_____了，非常方便。支付宝是一种安全的_____方式。给支付宝_____以后可以先用支付宝的钱买东西，收到商品、_____后，支付宝的钱才会转到卖方的账户上。

　　另外，在淘宝网上买方可以和卖方_____聊天来了解商品信息。卖方送货的时候，买方有三种方式可以选择：_____、_____和EMS。决定购买以后，需要

第14课　网上购物挺方便的

"立即购买"还要填写姓名、_____和电话等信息。

讲完这个流程以后,王峰_____渡边试着在网上买东西,这样还可以学习网络词汇。渡边也认为网上购物是一件"_____"的好事情。

2. 再听一遍录音,然后填表

听第一段录音,填写下面的表格。

王峰	买了一个什么?	
	从哪儿买的?	
	那个东西怎么样?	
渡边	想知道什么?	
王峰用电脑做了什么?		

听第二段录音,填写下面的表格。

在中国,人们经常使用哪个网站购物?		首先做什么?	
		然后呢?	
需要注册哪两个账户?			
支付宝	是什么?		
	怎么注册?		
	怎么使用?		

听第三段录音，填写下面的表格。

怎样了解商品信息？	
送货有哪三种方式？	
决定购买后	需要点击什么？	
	需要填写什么？	

听第四段录音，填写下面的表格。

王峰建议渡边做什么？	
渡边怎么想？	

3. 连词成句

（1）给　用　演示了　一下　网上购物的流程　自己的电脑　王峰　渡边

_____。

（2）收到　转到……上　确认后　并　才会　商品　支付宝的钱　卖方的账户

_____。

（3）在淘宝网上　可以　来了解　和　在线聊天　买方　卖方　商品信息

_____。

4. 试着根据练习2的表格复述课文

第14课　网上购物挺方便的

五、综合练习

词汇练习

1. 组词（两个或三个）

例：书　　书本/图书/书店

要 _____　　申 _____

解 _____　　方 _____

邮 _____　　确 _____

2. 词语搭配

详细_____　　搜索_____　　了解_____

创建_____　　申请_____　　填写_____

打开_____　　输入_____　　注册_____

选择_____　　直接_____　　立即_____

3. 选词填空

| 解释　　填写　　决定　　质量　　信息　　创建 |

(1) 他在20岁的时候就_____了自己的公司。

(2) 网上购物非常方便，但有人担心商品的_____问题。

(3) 为了来中国留学，我_____了很多申请。

(4) 这件事情非常重要，你_____好以后再告诉我。

(5) 现在人们经常从网上了解_____。

(6) 老师_____了很长时间，可是我没有听懂。

4. 问答练习（回答时须使用指定的词语）

(1) 你经常在网上购物吗？你经常使用哪一个网站？
(2) 你知道怎样注册电子邮箱的账户吗？
(3) 买东西时你喜欢用信用卡付款吗？
(4) 你经常在网上聊天吗？经常什么时间在线？
(5) 你是急性子还是慢性子？
(6) 电话费用完之后你知道怎么充值吗？
(7) 上网的时候，你对哪方面的信息最感兴趣？
(8) 申请来中国学习麻烦吗？需要填写什么表格？
(9) 你弄明白了网上购物的流程了吗？
(10) 你能举一个一举两得的例子吗？

5. 生词扩展

其他常用网络词汇：

主题	zhǔtí	テーマ
回复	huífù	コメント、返答する
文章	wénzhāng	文章
复制	fùzhì	コピー（複写）
删除	shānchú	削除
管理员	guǎnlǐyuán	管理人（管理者）
发表主题	fābiǎo zhǔtí	スレッドを立てる
发表回复	fābiǎo huífù	レスをつける
发起投票	fāqǐ tóu piào	投票
在线用户	zài xiàn yònghù	オンラインメンバー
登录	dēnglù	ログイン
退出	tuìchū	ログオフ
短消息	duǎn xiāoxī	メッセージ
帮助	bāngzhù	ヘルプ

第14课　网上购物挺方便的

提交	tíjiāo	送信
重置	chóngzhì	リセット
楼主	lóuzhǔ	スレッドを立てた人、最初の投稿者

课堂活动

1. 模拟网上购物的整个流程

先在黑板上画出"注册""确认"等图标,点击时可以用手拍黑板上相应的图标。

分三部分:一、注册,把自己的用户名和密码写在黑板上。
　　　　　二、和卖方在网上谈商品的信息、价格、邮寄方式等情况。
　　　　　三、收到商品后,确认。
一个人扮演买方,一个人扮演卖方,一个人扮演邮递员。

2. 讨论:在网上购物还是去商店买

首先大家一起讨论一下两种情况的优缺点,然后说一说你更喜欢哪一种购物方式。

网上购物的优点:_____

网上购物的缺点:_____

去商店买的优点:_____

去商店买的缺点:_____

你喜欢的购物方式是哪一个? 为什么?

六、文化掠影

网络购物在中国

随着互联网在中国的普及，网络购物在中国也迅速发展起来，各种网上购物网站也随之创建，并以其价格优惠、送货方便而广受消费者欢迎。除了有名的淘宝网、京东商城等以外，还有以网上售书出名的卓越网、当当网等。近年来，这些网站都逐渐改变了只出售单一种类商品的经营模式（比如只售书或只售电器商品），向商品的综合化方向发展，商品种类越来越丰富，基本上人们生活中需要的东西都可以在网上买到。另外，由中国企业家创立的"阿里巴巴"已经成为全球最大的企业间电子商务网站。

网上购物的兴起不仅方便了人们的生活，同时也给很多人提供了创业的机会，在网上开店已经成为很多年轻人的一个选择。而且，网上购物的兴旺还带动了物流运输行业的发展，提供了更多的就业机会。

互联网(hùliánwǎng)：インターネット。
普及(pǔjí)：普及する。

模式(móshì)：モデル（となる事物）。

物流(wùliú)：物流。
运输(yùnshū)：運送する。

第14课　网上购物挺方便的

想一想，聊一聊

（1）简单说说网络购物在中国的发展情况。
（2）说说网络购物的利弊。
（3）你知道"网瘾""网恋"这类词语吗？说说你的看法。
（4）"宅男""宅女"这两个词在日本产生，现在也传入了中国。这类人有什么特点？你自己是"宅男"或"宅女"吗？

第15课　是倒霉还是运气好?

> **课前热身**
> ☞ 你是一个常常丢三落四(diūsān-làsì)的人吗?
> ☞ 你丢过东西吗? 丢了东西你一般会怎么办?
> ☞ 你丢的东西后来找到了吗? 是怎么找到的?

一、生词和短语

1. 食堂	shítáng	名	(学生や社員用の)食堂	一家~；去~吃饭。
2. 准备	zhǔnbèi	动	準備する、用意する	~好了；~考试；~去学校；没有~。
3. 赶紧	gǎnjǐn	副	急いで、時期を逃さずに、すぐに	~挂失；~复习；~睡觉；近义词:赶快。
4. 挂失	guà shī		紛失届けを出す	丢东西以后要赶紧去~；去银行~。
5. 损失	sǔnshī	动/名	損をする、損失をこおむる、損失	有~；造成~；~不大；很大的~。
6. 派出所	pàichūsuǒ	名	公安局の派出機関、警察分署	去~挂失；去~报警。

第15课　是倒霉还是运气好？

7. 报警	bào jǐng		(警察に)通報する	打110～；～器；马上～。
8. 担心	dān xīn		心配する	不用～；～孩子；～感冒；很～。
9. 捡	jiǎn	动	地面にある物を拾いあげる	～到一个钱包；把东西～起来。
10. 但愿	dànyuàn	动	ひたすら…を願う	～我能找到钱包；～父母不生病。
11. 如此	rúcǐ	代	このように、このようである	但愿～。
12. 幸亏	xìngkuī	副	幸いにも、…のおかげで	～有你帮我；～今天天气好。
13. 办	bàn	动	する、やる	～事；～手续；～公室；～一张卡。
14. 各种	gèzhǒng	形	さまざまだ	～事情；～人。
15. 手续	shǒuxù	名	手続き	办～；～齐全。
16. 寻物启事	xúnwù qǐshì	名	捜し物のお知らせ	写～；贴～。
17. 本人	běnrén	代	自分、私、本人	～是学生；这件事情你得告诉他～。
18. 于	yú	介	…に、…で、時間詞や場所詞の前や、動詞の後ろに置かれて場所、時間、範囲を導く	本公司～×年×月×日成立；本人毕业～北京大学。
19. 西侧	xīcè	名	西側	食堂～有一片草地。

20. 遗失	yíshī	动	紛失する、なくす	～物品；护照～了。
21. 现金	xiànjīn	名	現金	交～；用～；～结帐。
22. 若干	ruògān	代	いくつ、いくらかの	内有现金～；～年后又见面了。
23. 者	zhě	词缀	人	捡到～；参观～；购买～；学习～。
24. 联系	liánxì	动	連絡する	经常～；跟…～；有～；失去～。
25. 必有重谢	bì yǒu zhòng xiè		必ず相応の礼を致します	谁能帮一下忙？本人～！
26. 趟	tàng	量	（人や車などが）往来する回数を数えることば	去一～；来一～；跑了好几～。
27. 灰白色	huībáisè	名	薄い灰色、青白い	～的墙；头发是～的。
28. 细心	xìxīn	形	注意深い、細かい所まで気がつく	办事～；～的人；～地照顾；她很～。
29. 发现	fāxiàn	动/名	発見する、気付く	～问题；～事情；～新大陆；新的～。
30. 报案	bào àn		（警察・司法機関に）事件を届け出る	到派出所～；找警察～。
31. 安慰	ānwèi	动/名	慰める、安心させる	～朋友；～孩子；心理～。
32. 按照	ànzhào	动	従う、のっとる	～规定办事；～老师说的做。
33. 主动	zhǔdòng	形	自発的だ、主体的だ	～帮助别人；～学习；～打招呼。

第15课　是倒霉还是运气好？

34. 身份	shēnfèn	名	身分	确认~；~证件。
35. 提出	tíchū	动	提出する、提示する	~问题；~建议；~想法；~计划。

二、课文一及练习

（王峰和渡边在食堂吃完午饭以后，准备去买水果。）

王　峰：咱们去买点儿水果吧。

渡　边：好的。哎呀，糟糕，我的钱包没了。

王　峰：别着急，你再找找。

渡　边：真的没有了。

王　峰：丢在食堂了？

渡　边：应该是。吃饭的时候，我把钱包放在饭桌上，走的时候忘了拿了。

王　峰：你的钱包里有什么重要的东西吗？

渡　边：差不多有两百块钱，还有我的学生证、银行卡、饭卡什么的。

王　峰：那咱们赶紧回去找找吧，希望没有被别人拿走。

（两个人回到食堂，钱包已经没有了。）

渡　边：饭桌上没有，肯定是被人拿走了。

王　峰：赶紧去银行挂失吧，还有饭卡和学生证也都要赶紧挂失，否则都可能有损失。挂失的时候拿上你的护照。另外，我们最好去派出所报一下警。

渡　边：好的。我今天可真倒霉！

王　峰：也不要太担心，说不定捡到钱包的人也正在找你呢。

渡　边：但愿如此吧。今天幸亏有你陪着我！

（渡边办完各种手续以后，从派出所出来。）

渡　　边：终于办完了，快累死我了。现在我该怎么办？
王　　峰：我帮你写一份寻物启事吧，说不定捡到的人会看到。
渡　　边：又是"说不定"？那好吧，也没有别的办法了。

寻物启事

本人于3月6日中午12点左右在食堂二楼西侧遗失黑色钱包一个，内有学生证、银行卡、饭卡及现金若干。有捡到者请与渡边联系。联系电话：1392……。

必有重谢！

（学生张伟捡到了渡边的钱包，看到寻物启事以后给渡边打电话。）

张　　伟：你好！你是渡边吗？
渡　　边：对，我是。请问你是哪位？
张　　伟：我叫张伟。今天中午在食堂捡到了你的钱包，我也在想办法联系你。刚才我看到食堂门口的墙上贴着一张寻物启事，上面写着你的电话号码，所以就给你打电话了。我现在就在食堂门口，你要有空儿就过来一趟，我把钱包还给你。
渡　　边：那真是太感谢了！我马上过去。一会儿见！

（渡边来到食堂门口。）

渡　　边：你好，你是张伟吧？我是渡边。真是不知道怎么感谢你啦！我请你吃饭吧！
张　　伟：请吃饭就不用了，捡到你的东西就应该还给你。不过你得说说你的钱包里的东西，说对了我才能给你。

第15课　是倒霉还是运气好？

渡　边：好吧，我钱包里有两百块钱，还有一张中国银行的卡，灰白色的。学生证和饭卡都是新的。

张　伟：好的，还给你。其实我看了学生证上的照片，你一过来我就知道是你了，刚才我只是想再确认一下。

渡　边：你真细心。我今天运气真好，遇到了像你这样的好人。真的谢谢你了！

（Wáng Fēng hé Dùbiān zài shítáng chīwán wǔfàn yǐhòu, zhǔnbèi qù mǎi shuǐguǒ.）

Wáng Fēng: Zánmen qù mǎi diǎnr shuǐguǒ ba.
Dùbiān: Hǎode. Āi ya, zāogāo, wǒ de qiánbāo méi le.
Wáng Fēng: Bié zháojí, nǐ zài zhǎozhao.
Dùbiān: Zhēnde méiyǒu le.
Wáng Fēng: Diū zài shítáng le?
Dùbiān: Yīnggāi shì. Chī fàn de shíhou, wǒ bǎ qiánbāo fàng zài fànzhuō shàng, zǒu de shíhou wàngle ná le.
Wáng Fēng: Nǐ de qiánbāo lǐ yǒu shénme zhòngyào de dōngxi ma?
Dùbiān: Chàbuduō yǒu liǎng bǎi kuài qián, hái yǒu wǒ de xuéshēngzhèng、yínhángkǎ、fànkǎ shénmede.
Wáng Fēng: Nà zánmen gǎnjǐn huíqù zhǎozhao ba, xīwàng méiyǒu bèi biérén názǒu.

（Liǎng gè rén huídào shítáng, qiánbāo yǐjīng méiyǒu le.）

Dùbiān: Fànzhuō shàng méiyǒu, kěndìng shì bèi rén názǒu le.
Wáng Fēng: Gǎnjǐn qù yínháng guà shī ba, háiyǒu fànkǎ hé xuéshēngzhèng yě dōu yào gǎnjǐn guà shī, fǒuzé dōu kěnéng yǒu sǔnshī. Guàshī de shíhou náshang nǐ de hùzhào. Lìngwài, wǒmen zuì hǎo qù pàichūsuǒ bào yíxià jǐng.
Dùbiān: Hǎode. Wǒ jīntiān kě zhēn dǎo méi!

Wáng Fēng:	Yě bú yào tài dān xīn, shuōbudìng jiǎndào qiánbāo de rén yě zhèngzài zhǎo nǐ ne.
Dùbiān:	Dànyuàn rúcǐ ba. Jīntiān xìngkuī yǒu nǐ péizhe wǒ!

(Dùbiān bànwán gèzhǒng shǒuxù yǐhòu, cóng pàichūsuǒ chūlai.)

Dùbiān:	Zhōngyú bànwán le, kuài lèisǐ wǒ le. Xiànzài wǒ gāi zěnmebàn?
Wáng Fēng:	Wǒ bāng nǐ xiě yí fèn xúnwù qǐshì ba, shuōbudìng jiǎndào de rén huì kàndào.
Dùbiān:	Yòu shì "shuōbudìng"? Nà hǎo ba, yě méiyǒu biéde bànfǎ le.

Xúnwù Qǐshì

Běnrén yú sānyuè liù rì zhōngwǔ shí'èr diǎn zuǒyòu zài shítáng èr lóu xīcè yíshī hēisè qiánbāo yí gè, nèi yǒu xuéshēngzhèng、yínhángkǎ、fànkǎ jí xiànjīn ruògān. Yǒu jiǎndàozhě qǐng yǔ Dùbiān liánxì. Liánxì diànhuà:1392······.

Bì yǒu zhòng xiè!

(Xuéshēng Zhāng Wěi jiǎndàole Dùbiān de qiánbāo, kàndào xúnwù qǐshì yǐhòu gěi Dùbiān dǎ diànhuà.)

Zhāng Wěi:	Nǐ hǎo! Nǐ shì Dùbiān ma?
Dùbiān:	Duì, wǒ shì. Qǐngwèn nǐ shì nǎ wèi?
Zhāng Wěi:	Wǒ jiào Zhāng Wěi. Jīntiān zhōngwǔ zài shítáng jiǎndàole nǐ de qiánbāo, wǒ yě zài xiǎng bànfǎ liánxì nǐ. Gāngcái wǒ kàndào shítáng ménkǒu de qiángshàng tiēzhe yì zhāng xúnwù qǐshì, shàngmiàn xiězhe nǐ de diànhuà hàomǎ, suǒyǐ jiù gěi nǐ dǎ diànhuà le. Wǒ xiànzài jiù zài shítáng ménkǒu, nǐ yào yǒu kòngr jiù guòlai yí tàng, wǒ bǎ qiánbāo huángěi nǐ.
Dùbiān:	Nà zhēnshi tài gǎnxiè le! Wǒ mǎshàng guòqu. Yíhuìr jiàn!

第15课 是倒霉还是运气好?

（Dùbiān láidào shítáng ménkǒu.）

Dùbiān: Nǐ hǎo, nǐ shì Zhāng Wěi ba? Wǒ shì Dùbiān. Zhēnshi bù zhīdào zěnme gǎnxiè nǐ la! Wǒ qǐng nǐ chī fàn ba!

Zhāng Wěi: Qǐng chī fàn jiù búyòng le, jiǎndào nǐ de dōngxi jiù yīnggāi huángěi nǐ. Búguò nǐ děi shuōshuo nǐ de qiánbāo lǐ de dōngxi, shuōduìle wǒ cái néng gěi nǐ.

Dùbiān: Hǎo ba, wǒ qiánbāo lǐ yǒu liǎng bǎi kuài qián, hái yǒu yì zhāng Zhōngguó yínháng de kǎ, huībáisè de. Xuéshēngzhèng hé fànkǎ dōu shì xīn de.

Zhāng Wěi: Hǎo de, huángěi nǐ. Qíshí wǒ kànle xuéshēngzhèng shàng de zhàopiàn, nǐ yí guòlai wǒ jiù zhīdào shì nǐ le, gāngcái wǒ zhǐshì xiǎng zài quèrèn yíxià.

Dùbiān: Nǐ zhēn xìxīn. Wǒ jīntiān yùnqi zhēn hǎo, yùdàole xiàng nǐ zhèyàng de hǎorén. Zhēnde xièxie nǐ le!

课文一听说练习

听后根据录音复述并写出听到的句子

(1)

(2)

(3)

(4)

(5)

(6)

(7)

(8) _____

(9) _____

(10) _____

三、语言点及练习

（一）差不多有两百块钱。

"差不多"表示在各方面相差不大或相近，多用在口语中。

「差不多」は、さまざまな側面で、差があまりないこと、近いことをあらわし、多くは口語で用いられます。

1. 听录音，仿照例子完成下面的句子

（1）王峰和渡边差不多高。

（2）刘丽和山田_____差不多_____。

（3）_____差不多_____。

（1）现在钱包里差不多有八千日元。

（2）_____差不多_____。

（3）_____差不多_____。

（4）_____差不多_____。

（1）王峰和渡边的身高差不多。

（2）_____差不多。

第15课　是倒霉还是运气好？

(3) _____差不多。

(4) _____差不多。

2. 任务练习

先填表，再用"差不多"谈谈你一天的生活。然后听别的同学的介绍，看看班上的哪位同学的生活和你差不多。

起床的时间	6点
路上花的时间	
到学校的时间	
上课的人数	
午饭花的钱	
……	

早上我差不多6点就起床了，_____

_____。

(二) 那咱们赶紧回去找找吧。

"赶紧"意为抓紧时间，可以用在祈使句中表示催促，也可以用在陈述句中，表示两个动作时间间隔很短，如"我一听到他的声音就赶紧去开门"。

「赶紧」は、時間を無駄にしないことを意味し、命令文で用いられ催促をあらわしたり、平叙文で用いられ二つの動作の時間の感覚がとても短いことをあらわしたりします。例えば、「我一听到他的声音就赶紧去开门」のように使います。

1. 听录音,仿照例子完成下面的句子

(1) 快迟到了,我们赶紧走吧。

(2) ＿＿＿＿＿＿＿赶紧＿＿＿＿＿＿＿＿＿＿。

(3) ＿＿＿＿＿＿＿赶紧＿＿＿＿＿＿＿＿＿＿。

(4) ＿＿＿＿＿＿＿赶紧＿＿＿＿＿＿＿＿＿＿。

2. 任务练习

表格里是你昨天一天的经历,首先完成表格然后讲给同学听。最后大家一起讨论。

早上发烧	赶紧坐公共汽车去医院
在公共汽车上踩到别人	
一位老年人上车没有座位	
下车以后,看到有人出车祸	
……	
晚上回家以后	

例:A:我昨天早上发现自己发烧了,然后赶紧坐公交车去医院。
　　B:我如果是你,我会赶紧坐出租车去。

(三) 说不定捡到钱包的人也正在找你呢。

"说不定"表示有可能,可以出现在主语前也可以出现在主语后。
「说不定」は、可能性があまりないことをあらわし、主語の前においても主語の後においてもかまいません。

第15课　是倒霉还是运气好？

1. 听录音,仿照例子完成下面的句子

(1) 等了这么长时间他还不来,说不定他把这件事情忘了。

(2) 今天有点儿_____,说不定_____。

(3) 她们俩_____,说不定_____。

(4) 他汉语_____,说不定在中国_____。

2. 任务练习

小张买了一辆新的自行车,但是大家都没见过。和同学一起猜一下这辆自行车的情况,不过你的意见不能和对方的意见一样。

例:A:我觉得小张的自行车是蓝色的。
　　B:嗯……,说不定是黑色的。因为他比较喜欢黑色。

A	B
蓝色	黑色
新的	_____
质量好	_____
来上课的时候骑	_____

(四) 食堂门口的墙上贴着一张寻物启事,上面写着你的电话号码。

"着"是时态助词,在这里表示动作结果的状态持续。

「着」はアスペクト助詞であり、ここでは動作の結果の持続をあらわします。

1. 听录音,仿照例子完成下面的句子

(1) 墙上挂着一幅画。

(2) 黑板上_____着_____。

(3) 桌子上　　　　着　　　　　　　　　　。

(4) 外面的墙上　　　　着　　　　　　　　。

(5) 院子里　　　　着　　　　　　　　　　。

2. 任务练习

下面是A和B两个人房间的摆设，你更喜欢谁的房间？为什么？然后再谈一谈你的房间。

A
墙上挂着三幅中国画
窗户上贴着红色的中国剪纸
屋子里摆着一张床，一张桌子，
一把椅子
地上铺着地毯

B
墙上挂着一幅油画
窗户上什么都没有贴着
屋子里摆着一张桌子，
一把椅子
地上铺着榻榻米

四、课文二及练习

渡边吃完饭准备去买水果的时候，发现自己的钱包丢了。钱包里有学生证、银行卡、饭卡和差不多两百块钱。他觉得钱包应该是丢在了食堂。王峰陪他回食堂去找，但是没有找到。

王峰建议渡边先去办理这几张卡的挂失手续，然后再去派出所报案。办手续的时候还需要带上护照。为了办这些手续，两个人忙了半天，感到很累。王峰还帮渡边写了一份寻物启事，贴在了食堂门口。渡边觉得自己非常倒霉，王峰安慰他说可能有人会看到寻物启事并把钱包送回来。

王峰还真说对了。一个叫张伟的同学捡到了渡边的钱

第15课 是倒霉还是运气好?

包,看到寻物启事以后,他按照上面写的电话号码主动联系到渡边,并送回了钱包。在把钱包还给渡边之前,张伟问了渡边几个问题,都是关于钱包里面的东西的,因为他要确认渡边的身份。渡边非常感谢张伟,提出要请张伟吃饭,但是张伟认为捡到别人的东西还给别人是应该的。渡边觉得能遇到像张伟这样的好人运气真是太好了。

    Dùbiān chī wán fàn zhǔnbèi qù mǎi shuǐguǒ de shíhou, fāxiàn zìjǐ de qiánbāo diū le. Qiánbāo lǐ yǒu xuéshēngzhèng、yínhángkǎ、fànkǎ hé chàbuduō liǎng bǎi kuài qián. Tā juéde qiánbāo yīnggāi shì diū zài le shítáng. Wáng Fēng péi tā huí shítáng qù zhǎo, dànshì méiyǒu zhǎodào.

    Wáng Fēng jiànyì Dùbiān xiān qù bànlǐ zhè jǐ zhāng kǎ de guà shī shǒuxù, ránhòu zài qù pàichūsuǒ bào àn. Bàn shǒuxù de shíhou hái xūyào dàishàng hùzhào. Wèile bàn zhèxiē shǒuxù, liǎng gè rén mángle bàntiān, gǎndào hěn lèi. Wáng Fēng hái bāng Dùbiān xiěle yí fèn xúnwù qǐshì, tiē zài le shítáng ménkǒu. Dùbiān juéde zìjǐ fēicháng dǎo méi, Wáng Fēng ānwèi tā shuō kěnéng yǒu rén huì kàndào xúnwù qǐshì bìng bǎ qiánbāo sòng huílai.

    Wáng Fēng hái zhēn shuōduì le. Yí gè jiào Zhāng Wěi de Xuéshēng jiǎndàole Dùbiān de qiánbāo, kàndào xúnwù qǐshì yǐhòu, tā ànzhào shàngmiàn xiě de diànhuà hàomǎ zhǔdòng liánxì dào Dùbiān, bìng sònghuíle qiánbāo. Zài bǎ qiánbāo huángěi Dùbiān zhīqián, Zhāng Wěi wènle Dùbiān jǐ gè wèntí, dōu shì guānyú qiánbāo lǐmiàn de dōngxi de, yīnwèi tā yào quèrèn Dùbiān de shēnfèn. Dùbiān fēicháng gǎnxiè Zhāng Wěi, tíchū yào qǐng Zhāng Wěi chī fàn, dànshì Zhāng Wěi rènwéi jiǎndào biérén de dōngxi huángěi biérén shì yīnggāi de. Dùbiān juéde néng yùdào xiàng Zhāng Wěi zhèyàng de hǎorén yùnqi zhēnshi tài hǎo le.

课文二练习

1. 先听一遍录音,然后填空

渡边吃完饭_____去买水果的时候,发现自己的钱包丢了。钱包里有学生证、银行卡、饭卡和_____两百块钱。他觉得钱包应该是丢在了食堂。王峰_____他回食堂去找,但是没有找到。

王峰建议渡边先去办理这几张卡的_____手续,然后再去派出所_____。办手续的时候还需要_____上护照。为了办这些手续,两个人忙了半天,感到很累。王峰还帮渡边写了一份_____,贴在了食堂门口。渡边觉得自己非常_____,王峰安慰他说可能有人会看到寻物启事把钱包送回来。

王峰还真说对了。一个叫张伟的同学_____了渡边的钱包,看到寻物启事以后,他按照上面写的电话号码_____联系到渡边,并送回了钱包。在把钱包还给渡边之前,张伟问了渡边几个问题,都是_____钱包里面的东西的,因为他要_____渡边的身份。渡边非常感谢张伟,_____要请张伟吃饭,但是张伟认为捡到别人的东西还给别人是应该的。渡边觉得能够遇到像张伟这样的好人_____真是太好了。

第15课　是倒霉还是运气好？

2. 再听一遍录音,然后填表

听第一段录音,填写下面的表格。

渡边	渡边什么时候发现自己丢了钱包？	
	钱包里有什么？	
	钱包丢在了哪儿？	
王峰	做了什么？	

听第二段录音,填写下面的表格。

王峰和渡边	先做了什么？	
	然后呢？	
	最后呢？	

听第三段录音,填写下面的表格。

张伟	是怎么找到的渡边？	
	问了什么问题？	
渡边	想做什么？	

3. 连词成句

（1）先　这几张卡的挂失手续　建议　去办理　王峰　渡边

_____。

（2）有人　寻物启事　把钱包送回来　安慰他说　可能　会　看到　王峰　并

_____。

(3)主动　按照　联系到　上面写的电话号码　渡边　他
_____。

4. 试着根据练习2的表格复述课文

五、综合练习

词汇练习

1. 组词（两个或三个）

例：书　　书本/图书/书店

定_____　　　心_____

失_____　　　到_____

后_____　　　但_____

2. 词语搭配

办_____　　细心_____　　但愿_____

感到_____　　遇到_____　　发现_____

_____手续　　赶紧_____　　贴_____

按照_____　　确认_____　　启事_____

第15课　是倒霉还是运气好?

3. 选词填空

> 准备　着急　报警　希望　挂失　主动　安慰

(1) 她是一个好人,经常_____帮助遇到困难的人。

(2) 不要_____,我们肯定会想到办法的。

(3) 正_____出门,小张来电话了。

(4) 发现坏人要马上_____。

(5) 我_____能住在学校旁边。

(6) 朋友失恋了,我不知道怎么_____她。

(7) 丢了身份证或者银行卡的时候要马上_____。

4. 问答练习(回答时须使用指定的词语)

(1) 你们学校有几个食堂?你喜欢食堂的饭菜吗?

(2) 你有过倒霉的事儿吗?

(3) 来中国之前你最担心什么?为什么?

(4) 你捡到过东西吗?怎么处理的?

(5) 你毕业于哪个学校?

(6) 你跟小时候的朋友还有联系吗?

(7) 来中国之前你办过什么手续?

(8) 你因为不细心犯过错误没有?什么错误?

(9) 你见过寻物启事吗?日本的寻物启事和中国的寻物启事有什么区别?

(10) 在课堂讨论时你会提出自己的意见吗?

5. 生词扩展

各种卡的名称：

学生卡	xuéshengkǎ	学生証（IDカード）
饭卡	fànkǎ	食堂用のプリペイドカード
信用卡	xìnyòngkǎ	クレジットカード
积分卡	jīfēnkǎ	ポイントカード
电话卡	diànhuàkǎ	テレフォンカード
公交卡	gōngjiāokǎ	交通カード

课堂活动

1. 模拟丢东西后的情景

分为五个场景：
一、发现丢东西
二、去银行挂失或者先打电话挂失
三、去派出所报案
四、写寻物启事
五、有人捡到、送回
一个人扮演丢东西的人，一个人扮演他的朋友，一个人扮演银行的工作人员，一个人扮演警察，一个人扮演捡到东西的人。

2. 安慰倒霉的朋友

你的朋友遇到的倒霉的事儿是_____
两个人一组表演。

第15课　是倒霉还是运气好？

六、文化掠影

挂失及其他

丢东西以后，尤其是丢失银行卡以后，一定要马上去挂失。可以先拨打银行的服务热线进行口头挂失，然后再去银行进行书面挂失。挂失的时候需要带上自己的身份证件。另外，口头挂失时有的银行（如中国银行）还要求用户必须提供丢失的银行卡的账号和密码，否则不能口头挂失。而且口头挂失的有效期限不同的银行也是不一样的。为了防止损失，尽量不要把身份证和银行卡放在一起。挂失以后最好向公安机关报案，以增大找到的机会。

另外，写寻物启事也是找回遗失物品的一个方法。启事是一种应用文体，用来公开声明某事，一般较短，但用语非常正式。多登在报刊上或贴在布告栏中。

有一个与"启事"发音完全相同的词是"启示"，这两个词常常被混淆。其实这它们的意思完全不同。"启事"专指一种应用文体，而"启

热线(rèxiàn)：ホットライン。

身份证件(shēnfèn zhèng jiàn)：身分証明書。

账号(zhànghào)：(銀行預金などの)口座番号。

防止(fángzhǐ)：防止する。

报刊(bàokān)：新聞・雑誌の総称。

布告栏(bùgàolán)：掲示板。

混淆(hùnxiáo)：混同する。入り混じる。ごっちゃになる。

示"有动词和名词两种用法。用作动词时的意思是"启发提示",如:父母的话~了我;用作名词时的意思是"通过启发提示领悟到的道理",如:这本书给年轻人很多~。

想一想,聊一聊

(1) 在中国如果丢失了银行卡,应该怎么办?
(2) 你写过启事吗?说说写启事时需要注意什么?
(3) 你买东西喜欢用银行卡还是现金,为什么?

第16课　请填一下申请表

课前热身

☞ 你填过表格吗？是什么表格？
☞ 你填过申请表吗？是申请什么？
☞ 你填的申请表需要填写哪些内容？

一、生词和短语

1. 健身	jiàn shēn		運動する、健康な体をつくる	～运动；～房；～教练；～俱乐部；经常～。
2. 前台	qiántái	名	フロント	在～办手续；宾馆的～；～服务员。
3. 坚持	jiānchí	动	堅持する、どうしても…しつづける	～下去；～学汉语；～运动；～自己的意见；～就是胜利。
4. 限	xiàn	动	範囲や限度を定める	不～时间；不～次数；仅～一人。
5. 器械	qìxiè	名	器具、器械	一台～；健身～。
6. 瑜伽	yújiā	名	ヨガ	学～；练～。
7. 项目	xiàngmù	名	項目、種目、プロジェクト	必须填写（必填）的～；一个～。

61

8. 体重计	tǐzhòngjì	名	体重計	一台~；用~称体重。
9. 日子	rìzi	名	その日、期日、暮らし	过~；幸福的~。
10. 各个	gègè	形	それぞれの	~社团；~学校。
11. 招收	zhāoshōu	动	募集する、採用する	~新人（招新）；~学生；~工作人员。
12. 社	shè	名	団体や組織を指す	友好交流~；文学~；戏剧~；爱心~。
13. 欣赏	xīnshǎng	动	鑑賞する、楽しむ	~音乐；~风景；影视~；艺术~。
14. 主题	zhǔtí	名	主題、テーマ	会议的~；文章的~；深刻的~；明确的~。
15. 双方	shuāngfāng	名	双方、両者	~的情况；中日~；了解~；~都同意。
16. 围绕	wéirǎo	动	…を中心とする、…をめぐる	~主题；~问题；~一件事；~一个人。
17. 展开	zhǎnkāi	动	展開する、繰り広げる	围绕主题~；~讨论；~竞争。
18. 敢	gǎn	助动	…する勇気がある、思い切って…する	不~去；我~和他比一比。
19. 截止	jiézhǐ	动	（申し込みなどを）締め切る	~到……；~日期。
20. 随时	suíshí	副	いつでも、そのつど	有事~联系；~提问；~注意；~随地。
21. 询问	xúnwèn	动	意見を求める、尋ねる	去办公室~；~工作人员。
22. 原来	yuánlái	名	はじめ	他~是足球运动员；我~不爱吃青菜。

第16课　请填一下申请表

23. 延长	yáncháng	动	延長する	～时间；～生命；～马路。
24. 根据	gēnjù	介	…によれば、…に基づく	～他的情况,医生给他开了药。
25. 安排	ānpái	动/名	段取りをつける	做出～；～时间；～活动；～生活。
26. 答复	dáfù	动/名	回答する、返事を書く、回答、返事	～问题；～学生；做出～；收到～。
27. 理由	lǐyóu	名	理由、道理	一个～；有～；申请的～。
28. 推荐信	tuījiànxìn	名	推薦状	写～；一封～。
29. 其中	qízhōng	名	その中	来了三个人,～两个是日本人。
30. 类型	lèixíng	名	類型	两种～；不同的～。
31. 凑热闹	còu rènao		集まってにぎやかに楽しむ	小孩子也来～；我也去凑个热闹。
32. 期限	qīxiàn	名	期限	延长～；保质～。
33. 任课	rèn kè		授業を担当する	～老师；在学校～；任两门课。
34. 递交	dìjiāo	动	直接手渡す	～申请；～材料；～论文。
35. 材料	cáiliào	名	材料、資料	学习～；递交～；丰富的～；一份～。

二、课文一及练习

（渡边想申请加入一家健身俱乐部。）

渡　　边：你好！我想办一张健身卡。

前　　台：非常感谢您加入我们俱乐部！请您填一下这张申请

表。我们这里的健身卡分年卡、半年卡、季卡和月卡四种,请问您想办理哪一种?

渡　边:我想先办一张月卡,因为我有点儿懒,不知道能不能坚持下去。

前　台:今天是3月3号,所以你办理月卡以后,从3月3号到4月2号的这一个月里,你可以不限时、不限次地使用全部器械、参加瑜伽等我们俱乐部所有的健身课程。

渡　边:这张申请表里的所有内容都必须要填吗?

前　台:姓名、性别和联系方式是必填的。身高、体重等其他项目可以不填。

渡　边:我已经很久没有称过体重了,我能不能用一下这儿的体重计?

前　台:当然可以。

(学校社团招新的日子。)

渡　边:今天学校里真热闹!

王　峰:今天和明天是学校各个社团招收新成员的日子。有没有你感兴趣的?

渡　边:我想先转转再决定。我参加了一个健身俱乐部,所以我不知道我有没有时间。哎,那个社团叫"中日友好交流社",我过去问问。

请问你们社团平时都有什么活动啊?

小李(社团招新人员):一般的情况下,我们社团每周末都有活动,有中国学生和日本学生参加。活动内容包括中日社会文化介绍、中日音乐欣赏什么的。每次活动都会有一个主题,然后中日双方的学生围绕主题展开讨论。

渡　边:会费多少钱?

第16课　请填一下申请表

小　李：会费是一年5块钱。

渡　边：我很想参加，不过我不敢肯定我能不能经常参加活动。你们招新的截止日期到什么时候？

小　李：招新的活动截止到明天下午5点，但是如果你想参加我们随时欢迎。

渡　边：谢谢！

（渡边到学校办公室询问。）

渡　边：老师好！我有个问题想问一下。

老　师：什么问题？

渡　边：我原来计划在中国学习半年，但是我现在觉得半年太短了。我能延长我的学习时间吗？

老　师：你可以先申请，我们会根据情况安排，然后给你一个答复。

渡　边：申请要写什么内容呢？

老　师：写清楚你想延长到什么时候和申请延长的理由。申请的日期截止到5月11号。另外你还应该请你的老师写一封推荐信。

渡　边：明白了。谢谢老师！再见。

(Dùbiān xiǎng shēnqǐng jiārù yì jiā jiàn shēn jùlèbù.)

Dùbiān:　　Nǐ hǎo! Wǒ xiǎng bàn yì zhāng jiànshēnkǎ.

Qiántái:　　Fēicháng gǎnxiè nín jiārù wǒmen jùlèbù! Qǐng nín tián yíxià zhè zhāng shēnqǐngbiǎo. Wǒmen zhèlǐ de jiànshēnkǎ fēn niánkǎ、bànniánkǎ、jìkǎ hé yuèkǎ sì zhǒng, qǐng wèn nín xiǎng bànlǐ nǎ yì zhǒng?

Dùbiān:　　Wǒ xiǎng xiān bàn yì zhāng yuèkǎ, yīnwèi wǒ yǒudiǎnr lǎn, bù zhīdào néngbunéng jiānchí xiàqu.

Qiántái: Jīntiān shì sānyuè sān hào, suǒyǐ nǐ bànlǐ yuèkǎ yǐhòu, cóng sānyuè sān hào dào sìyuè èr hào de zhè yí ge yuè lǐ, nǐ kěyǐ bú xiàn shí、bú xiàn cì de shǐyòng quánbù qìxiè、cānjiā yújiā děng wǒmen jùlèbù suǒyǒu de jiànshēn kèchéng.

Dùbiān: Zhè zhāng shēnqǐngbiǎo lǐ de suǒyǒu nèiróng dōu bìxū yào tián ma?

Qiántái: Xìngmíng、xìngbié hé liánxì fāngshì shì bìtián de. Shēngāo、tǐzhòng děng qítā xiàngmù kěyǐ bù tián.

Dùbiān Wǒ yǐjīng hěn jiǔ méiyǒu chēngguo tǐzhòng le, wǒ néngbunéng yòng yíxià zhèr de tǐzhòngjì?

Qiántái: Dāngrán kěyǐ.

（Xuéxiào shètuán zhāo xīn de rìzi.）

Dùbiān: Jīntiān xuéxiào lǐ zhēn rènao!

Wáng Fēng: Jīntiān hé míngtiān shì xuéxiào gègè shètuán zhāoshōu xīn chéngyuán de rìzi. Yǒu méiyǒu nǐ gǎn xìngqù de?

Dùbiān: Wǒ xiǎng xiān zhuànzhuan zài juédìng. Wǒ cānjiāle yí ge jiànshēn jùlèbù, suǒyǐ wǒ bù zhīdào wǒ yǒu méiyǒu shíjiān. Āi, nàge shètuán jiào "Zhōng-Rì Yóuhǎo Jiāoliú Shè", wǒ guòqu wènwen.

Qǐngwèn nǐmen shètuán píngshí dōu yǒu shénme huódòng a?

Xiǎo Lǐ（shètuán zhāo xīn rényuán）: Yìbān de qíngkuàng xià, wǒmen shètuán měi zhōumò dōu yǒu huódòng, yǒu Zhōngguó xuésheng hé Rìběn xuésheng cānjiā. Huódòng nèiróng bāokuò Zhōng-Rì shèhuì wénhuà jièshào、Zhōng-Rì yīnyuè xīnshǎng shénmede. Měi cì huódòng dōu huì yǒu yí ge zhǔtí, ránhòu Zhōng-Rì shuāngfāng de xuésheng wéirào zhǔtí zhǎnkāi tǎolùn.

Dùbiān: Huìfèi duōshǎo qián?

Xiǎo Lǐ: Huìfèi shì yì nián wǔ kuài qián.

第16课 请填一下申请表

Dùbiān: Wǒ hěn xiǎng cānjiā, búguò wǒ bù gǎn kěndìng wǒ néngbunéng jīngcháng cānjiā huódòng. Nǐmen zhāo xīn de jiézhǐ rìqī dào shénme shíhou?

Xiǎo Lǐ: Zhāo xīn de huódòng jiézhǐ dào míngtiān xiàwǔ wǔ diǎn, dànshì rúguǒ nǐ xiǎng cānjiā wǒmen suíshí huānyíng.

Dùbiān: Xièxie!

（Dùbiān dào xuéxiào bàngōngshì xúnwèn.）

Dùbiān: Lǎoshī hǎo！Wǒ yǒu gè wèntí xiǎng wèn yíxià.

Lǎoshī: Shénme wèntí?

Dùbiān: Wǒ yuánlái jìhuà zài Zhōngguó xuéxí bànnián, dànshì wǒ xiànzài juéde bànnián tài duǎn le. Wǒ néng yáncháng wǒ de xuéxí shíjiān ma?

Lǎoshī: Nǐ kěyǐ xiān shēnqǐng, wǒmen huì gēnjù qíngkuàng ānpái, ránhòu gěi nǐ yí gè dáfù.

Dùbiān: Shēnqǐng yào xiě shénme nèiróng ne?

Lǎoshī: Xiě qīngchu nǐ xiǎng yáncháng dào shénme shíhou hé shēnqǐng yáncháng de lǐyóu. Shēnqǐng de rìqī jiézhǐ dào wǔyuè shíyī hào. Lìngwài nǐ hái yīnggāi qǐng nǐ de lǎoshī xiě yì fēng tuījiànxìn.

Dùbiān: Míngbai le. Xièxie lǎoshī！Zàijiàn.

课文一听说练习

听后根据录音复述并写出听到的句子

(1) _____

(2) _____

(3) _____

(4) _____

(5) _____

(6) _____

(7) _____

(8) _____

(9) _____

(10) _____

三、语言点及练习

(一) 从3月3号到4月3号的这一个月里，……

"从……到……"不仅可以表示地点的起止点，还可以表示时间的起止点。

「从～到～」は時点の起点終点をあらわすだけでなく、時間の起点終点をあらわすこともできます。

1. 听录音，仿照例子完成下面的句子

(1) 从星期一到星期五我们都有课。

(2) 从_____到_____。

(3) 从_____到_____。

(4) 从_____到_____。

第16课　请填一下申请表

2. 任务练习

完成自己的简历，并讲给大家听。

例：

......	......
1996.9–2000.7	北京大学中文系
......	......

从1996年到2000年，我在北京大学中文系上学。

你自己的简历：

（二）我能不能用一下这儿的体重计？

"能"除了可以表示具备某种能力（如：我能说汉语；他能唱歌。），还可以表示环境或情理上许可。

「能」は、ある種の能力が備わっていることをあらわす（例えば、我能说汉语。他能唱歌。）ほかに、状況や道理の上から許されることをあらわします。

1. 听录音，仿照例子完成下面的对话

（1）问：我能用一下这台电脑吗？　　答：能。

（2）问：　　　能　　　？　　答：对不起，　　　。

（3）问：　　　能　　　？　　答：　　　。

（4）问：　　　能　　　？　　答：　　　。

2. 任务练习

你第一次使用某个图书馆。你不太清楚那个图书馆的规定。和你的同学一起完成对话。

例：A：我能进来吗？
　　B（图书管理员）：当然能，请进。

使用电脑	
看一张DVD	
吃东西	
借一本书	

（三）招新的活动截止到明天下午5点。

"到"用在动词后做补语，表示动作结束的时间，如"今天的会开到6点"。

「到」は動詞の後ろで補語となり、動作が終了した時間をあらわします。例えば、「今天的会开到6点。」のように用います。

1. 听录音，仿照例子完成下面的句子

（1）今天的会开到六点。

（2）今天的课　　　　到　　　　　　　　。

（3）这家超市　　　　到　　　　　　　　。

（4）截止日期　　　　到　　　　　　　　。

2. 任务练习

小王假期的生活非常不规律，请说说你的建议。

第16课　请填一下申请表

小王假期的生活	你的建议
玩儿游戏玩儿到晚上2点才睡觉。	例：我建议他玩儿到12点就睡觉。
早上睡觉睡到11点才起床吃午饭。	
下午去图书馆看书，看到7点才回家吃晚饭。	
和朋友网上聊天聊到12点。	

(四) 我<u>原来</u>计划在中国学习半年，但是我现在觉得半年太短了。

"原来"在这里是名词，表示"最初的时候"。

「原来」はここでは名詞となり、「はじめのとき」をあらわします。

1. 听录音，仿照例子完成下面的句子

(1) 我原来喜欢打棒球，但是现在已经不打了。

(2) 他原来＿＿＿＿＿＿＿＿＿，但是现在已经一个人住了。

(3) 妈妈原来＿＿＿＿＿＿＿＿＿，但是结婚以后就不工作了。

(4) 这张床原来＿＿＿＿＿＿＿＿＿＿＿＿＿＿＿＿＿。

2. 任务练习

在黑板上简单地画上你所在城市的地图，并说明发生变化的地方。

例：这里原来有一家面包店，但是现在已经成洗衣店了。

四、课文二及练习

渡边去一家健身俱乐部办会员卡。办卡的时候要先填一张申请表,其中姓名、性别和联系方式等项目是必填的,其他的项目可以填也可以不填。那家俱乐部的健身卡分年卡、半年卡、季卡和月卡四种类型。因为怕自己坚持不下去,渡边申请办一张月卡。使用月卡,在一个月的时间里可以不限时、不限次地使用全部健身器械、参加所有的健身课程。

学校社团招新的时候,渡边也跑去凑热闹。他对"中日友好交流社"很感兴趣。那个社团的会费是5元钱,每个周末都有活动,内容包括两国的社会情况和文化介绍、音乐欣赏等。而且每次活动都有一个让大家一起讨论的主题。渡边很想参加,但是因为自己以后的计划还没有确定,所以他要再考虑一下。

因为渡边想申请延长学习期限,所以他到学校办公室询问情况。老师告诉他如果要申请延长,需要写清楚延长的时间和延长的理由,还需要一封任课老师的推荐信,递交这些材料的截止日期是5月11日。

Dùbiān qù yì jiā jiàn shēn jùlèbù bàn huìyuánkǎ. Bàn kǎ de shíhou yào xiān tián yì zhāng shēnqǐngbiǎo, qízhōng xìngmíng、xìngbié hé liánxì fāngshì děng xiàngmù shì bìtián de, qítā de xiàngmù kěyǐ tián yě kěyǐ bù tián. Nà jiā jùlèbù de jiànshēnkǎ fēn niánkǎ、bànniánkǎ、jìkǎ hé yuèkǎ sì zhǒng lèixíng. Yīnwèi pà zìjǐ jiānchí bú xiàqu, Dùbiān shēnqǐng bàn yì zhāng yuèkǎ. Shǐyòng yuèkǎ, zài yí gè yuè de shíjiān lǐ kěyǐ bú xiàn shí、bú xiàn cì de shǐyòng quánbù jiàn shēn qìxiè、cānjiā suǒyǒu de jiàn shēn kèchéng.

第16课 请填一下申请表

Xuéxiào shètuán zhāo xīn de shíhou, Dùbiān yě pǎo qù còu rènao. Tā duì "Zhōng-Rì Yǒuhǎo Jiāoliú Shè" hěn gǎn xìngqù. Nà gè shètuán de huìfèi shì wǔ yuán qián, měi gè zhōumò dōu yǒu huódòng, nèiróng bāokuò liǎngguó de shèhuì qíngkuàng hé wénhuà jièshào、yīnyuè xīnshǎng děng. Érqiě měi cì huódòng dōu yǒu yí gè ràng dàjiā yìqǐ tǎolùn de zhǔtí. Dùbiān hěn xiǎng cānjiā, dànshì yīnwèi zìjǐ yǐhòu de jìhuà hái méiyǒu quèdìng, suǒyǐ tā yào zài kǎolǜ yíxià.

Yīnwèi Dùbiān xiǎng shēnqǐng yáncháng xuéxí qīxiàn, suǒyǐ tā dào xuéxiào bàngōngshì xúnwèn qíngkuàng. Lǎoshī gàosu tā rúguǒ yào shēnqǐng yáncháng, xūyào xiě qīngchu yáncháng de shíjiān hé yáncháng de lǐyóu, hái xūyào yì fēng rèn kè lǎoshī de tuījiànxìn, dìjiāo zhè xiē cáiliào de jiézhǐ rìqī shì wǔyuè shíyī rì.

课文二练习

1. 先听一遍录音,然后填空

渡边去一家健身_____办会员卡。办卡的时候要先填一张_____,其中姓名、性别和联系方式等_____是必填的,其他的项目可以填也可以不填。那家俱乐部的健身卡_____年卡、半年卡、季卡和月卡四种类型。因为_____自己坚持不下去,渡边申请办一张月卡。使用月卡,在一个月的时间里可以不_____时、不_____次地使用全部健身_____、参加所有的健身课程。

学校社团招新的时候,渡边也跑去_____。他对"中日友好交流社"很感兴趣。那个社团的_____是5元钱,每个周末都有活动,内容_____两国的社会情况和文化介绍、

音乐_____等。而且每次活动都有一个让大家一起讨论的_____。渡边很想参加,但是因为自己以后的计划还没有_____,所以他要再考虑一下。

因为渡边想申请_____学习期限,所以他到学校办公室询问情况。老师告诉他如果要申请延长,需要写清楚延长的时间和延长的理由,还需要一封_____老师的推荐信,_____这些材料的截止日期是5月11日。

2. 再听一遍录音,然后填表

听第一段录音,填写下面的表格。

渡边去健身俱乐部做什么?	
健身卡分几种?	
渡边选择了哪种？为什么?	

听第二段录音,填写下面的表格。

渡边对哪个社团感兴趣?	
那个社团有什么活动?	
他加入了吗？为什么?	

听第三段录音,填写下面的表格。

申请延长学习期限需要什么?	
截止到什么时间?	

第16课　请填一下申请表

3. 连词成句

（1）因为　申请　办　怕　坚持不下去，渡边　自己　一张月卡

_____。

（2）因为　所以　再考虑一下　没有　自己以后的计划　还确定，要　他

_____。

（3）因为　所以　延长　申请　学习期限，询问情况　到学校办公室　想　他　渡边

_____。

4. 试着根据练习2的表格复述课文

五、综合练习

词汇练习

1. 组词（两个或三个）

例：书　书本/图书/书店

员 _____　　　确 _____

加 _____　　　动 _____

答 _____　　　开 _____

2. 词语搭配

加入 _____　　确定 _____　　欣赏 _____

锻炼 _____　　招收 _____　　讨论 _____

填写＿＿＿＿＿＿　　坚持＿＿＿＿＿＿　　申请＿＿＿＿＿＿

考虑＿＿＿＿＿＿　　递交＿＿＿＿＿＿　　办理＿＿＿＿＿＿

3. 选词填空

　　　随时　　　坚持　　　必须　　　平时　　　主题　　　截止

(1) 我＿＿＿＿都比较忙，只有寒暑假的时候有时间。

(2) 他每天学习两个小时的汉语，已经＿＿＿＿了五年了。

(3) 申请挂失的时候你＿＿＿＿带上身份证或护照。

(4) 如果你有问题，可以＿＿＿＿给我打电话。

(5) 今天会议的＿＿＿＿是怎样保护环境。

(6) 报名＿＿＿＿到本周的最后一天。

4. 问答练习（回答时须使用指定的词语）

(1) 你经常去健身吗？

(2) 你用电子邮件询问过信息吗？收到过答复吗？

(3) 你的学习期限截止到什么时候？你想延长吗？

(4) 你敢一个人晚上回家吗？

(5) 休息的时候同学们经常围绕什么展开讨论？

(6) 你喜欢凑热闹吗？

(7) 你能坚持每天运动吗？

(8) 你怎么安排周末？

(9) 如果拒绝一个喜欢你的男孩或女孩，你会找什么理由？

(10) 如果给自己写一封推荐信，你会写什么？

5. 生词扩展

与表格有关的常用词汇：

国籍	guójí	国籍
出生日期	chūshēng rìqī	生年月日
血型	xuèxíng	血液型
家庭住址	jiātíng zhùzhǐ	家の住所
公司地址	gōngsī dìzhǐ	勤務先の住所
联系方式	liánxì fāngshì	連絡方法
邮编	yóubiān	郵便番号
传真	chuánzhēn	ファックス
签字	qiānzì	サイン
公章	gōngzhāng	公印

课堂活动

1. 加入_____俱乐部

选择你喜欢的俱乐部，并询问报名截止日期、活动内容、会费等内容。

一人表演申请人，一人表演俱乐部前台工作人员。

2. 申请学校的汉语课程

选择你喜欢的汉语课程的级别，询问报名截止日期、班级人数、任课老师的信息、使用的教材、学费等内容。

一人表演申请人，一人表演办公室工作人员。

六、文化掠影

中国学校里的学生社团

中国的小学和中学学生学业压力比较大,学校里面社团相对较少,但是升入大学以后,社团生活变得很丰富,其中有些学校还有练习空手道、剑道、茶道、插花等日本传统活动的社团。申请加入某些社团是免费的,也有一些是收费的。学校社团一方面为学生提供了一个发展兴趣爱好的平台,另一方面也培养了学生的人际交往、团队合作等能力。在各种社团当中,"爱心社"独树一帜,它是一个志愿者组织,每年都会开展众多服务校内学生、帮助老人、儿童和残障人士等的活动。这些富有爱心和社会责任感的年轻大学生用自己的实际行动赢得了社会的广泛好评。

独树一帜(dúshù-yízhì):〈成〉独自の旗印を揚げる;〈喩〉独自の道を切り開く。

志愿者(zhìyuànzhě):ボランティア。

残障人士(cánzhàng rénshì):障碍者。

关于申请

我们在提出申请或者办其他手续的时候经常需要填各种表格。在中国填表一般不需要个人

第16课　请填一下申请表

的印章,这和日本有很大的不同。随着社会节奏的加快,办理各种申请手续所花费的时间越来越少,而且在很多情况下可以在网上直接申请。有些申请甚至只能在网上进行,比如说中国国内很多大型考试的报名。在中国申请公司的职位一般也只是在网上进行,这和日本国内求职时经常要求的邮寄纸质履历书的情况很不同。

　　对于留学生来说,也有很多需要申请的事情。比如,来中国留学就需要在网上申请或邮寄申请材料;到了中国后,如果你需要延长学习时间、获得奖学金,或者攻读学位,也是需要提出申请的。

印章(yìnzhāng):判。印鑑。

履历书(lǚlìshū):履歷書。

奖学金(jiǎngxuéjīn):奨学金。
学位(xuéwèi):学位。

想一想,聊一聊

(1) 中国学校里一般有哪些常见的社团?比较有名的是什么社团?
(2) 在中国和日本向社团提出申请有什么不同?
(3) 日本的学校里有些什么社团?你参加过什么社团?谈谈参加或不参加的理由。

第17课　幸亏不是大问题

课前热身

☞ 你住的房子出过问题吗？是怎么解决的？
☞ 你的电脑或者其他东西坏过吗？你遇到这类问题一般会怎么办？

一、生词和短语

1. 租	zū	动	賃借りする	～房子；～汽车；房～；～金。
2. 下水道	xiàshuǐdào	名	下水道	～很通畅。
3. 堵	dǔ	动	（道や穴などを）ふさぐ	下水道～了；～车。
4. 物业	wùyè	名	不動産、また不動産を管理する会社の略称	～公司；～管理；～费。
5. 疏通	shūtōng	动	水の流れをよくする	～下水道。
6. 从来	cónglái	副	過去から現在に到るまでずっと	我～不知道这件事情；我～没去过那里。
7. 害	hài	动	傷つけたり損害を与える	～人；外面太吵，～得我不能好好睡觉。

第17课　幸亏不是大问题

8. 难为	nánwei	动	人を困らせる	~他；~父母。
9. 污垢	wūgòu	名	よごれ、あか	下水道里的~；大量的~；清除~。
10. 积	jī	动	積み重ねる	~了很多污垢；~累；~少成多。
11. 清理	qīnglǐ	动	きちんと処理する	~下水道；~房间；~书桌。
12. 原因	yuányīn	名	原因	一个~；成功的~；生病的~；找出~。
13. 管道	guǎndào	名	(ガス、石油、水などの)パイプ	一条~；石油~；疏通~；~通畅；~堵了。
14. 通	tōng	动/形	通る、通じる	~下水道；下水道~了。
15. 收费	shōu fèi		費用を取る、料金を徴収する	~站；~处；~员；收了费。
16. 标准	biāozhǔn	名	標準	收费~；好学生的~；~的发音。
17. 开机	kāi jī		コンピュータなどを起動させる	没有~；开不了机。
18. 品牌	pǐnpái	名	ブランド	国际~；著名~。
19. 维修	wéixiū	动	補修しながら維持する	~电脑；~房屋；~点；~人员。
20. 检查	jiǎnchá	动	調べる、検査する	~电脑；~身体；~工作；~作业。
21. 派	pài	动	派遣する	~人；~小王去维修电脑。

22. 主板	zhǔbǎn	名	PCのマザーボード	电脑~。
23. 内存条	nèicúntiáo	名	メモリーカード	电脑的~;换~。
24. 保修期	bǎoxiūqī	名	保証期間	有~;看~;过了~;在~之内。
25. 上门	shàng mén		人を訪ねる、訪問する	送货~;~服务;~维修。
26. 适配器	shìpèiqì	名	アダプター	电源~。
27. 正常	zhèngcháng	形	正常だ	~的关系;~的情况;一切~;~上课;~工作。
28. 赶	gǎn	动	急ぐ	~飞机;~火车;~时间;听说孩子生病了,她马上~到学校。
29. 导致	dǎozhì	动	引き起こす、招く	~战争;~失败;~错误;~不及格。
30. 堵塞	dǔsè	动	(道や穴を)ふさぐ、つまる	交通~;污垢过多导致下水道~。
31. 费用	fèiyòng	名	費用、コスト	~很高;~不够。
32. 是否	shìfǒu	副	『文語』…であるかどうか	不知道这样做~合适;明天~上课我还不知道。
33. 解决	jiějué	动	円満に片付ける、解決する	~问题;~困难;完全~;及时~。
34. 修理	xiūlǐ	动	修理する	~机器;~自行车。
35. 顺利	shùnlì	形	順調だ、快調だ	工作~;考试~;~到达;~完成。

第17课 幸亏不是大问题

二、课文一及练习

　　（渡边租住公寓的浴室下水道堵了，渡边给小区的物业打电话。）

渡　　边：您好！请问是小区物业吗？

工作人员小赵：对，这里是小区物业。您有什么事儿？

渡　　边：我住在6号楼305。我家浴室的下水道堵了，您能来我家看看吗？

小　　赵：好的，我们马上就过去。

　　（小赵、小刘两名工作人员搬着疏通下水道的机器来到渡边的公寓。）

小　　赵：先生您好！浴室的下水道堵了，是吗？厨房没事儿吧？

渡　　边：厨房的没事儿，就是浴室的堵了。

小　　赵：您没有往下水道里扔什么东西吧？

渡　　边：我从来没扔过。

小　　赵：什么时候堵的啊？

渡　　边：就是刚才洗澡的时候，洗着洗着忽然发现水不往下流了。害得我只洗了一半儿就赶紧给你们打电话。

小　　赵：还真是难为您了。可能是污垢积得太多了，又很长时间没有清理的原因吧。我们现在就帮您疏通一下管道，您等一下。

渡　　边：师傅，这样通一次需要多少钱？

小　　赵：我们的收费标准是通一次50块。

渡　　边：好的。那就麻烦你们了。

　　（下水道很快就通了。）

小　　赵：先生，管道通了，您接着洗澡吧，我们就不打扰了。再见！

渡　边：你们辛苦了。再见！

（渡边洗完澡后想打开电脑上网，但是他的电脑开不了机。）

渡　边：怎么开不了机了？不会吧，刚通完了下水道，这电脑又坏了。我也太倒霉了。

（渡边给某品牌的电脑维修点打电话。）

渡　边：您好！我的电脑不能开机了，检查电源没发现什么问题。你们能派人过来看看吗？

电脑维修人员小张：电脑不能开机原因很多，可能是电源的问题，也可能是主板的问题，还可能是内存条什么的出问题了。您的电脑还在保修期吗？在保修期内我们免费上门维修，如果过了保修期，我们每次要收50块钱上门费。

渡　边：我的电脑已经用了三年了，应该不在保修期了。我正着急用呢，您能快点儿来吗？我的地址是幸福小区6号楼305。

小　张：好的，我大约半个小时以后到。

（小张来后，使用了新的电源适配器，电脑正常开机。）

小　张：是电源出问题了，你看，用我带的这个电源适配器，你的电脑就能开机。幸亏不是主板的问题，如果是主板坏了，换一个差不多得需要2000块钱，您还不如买一个新的呢。

渡　边：谢谢了，不是什么大问题就好。一个新的电源适配器多少钱？

小　张：320块。

渡　边：加上上门费应该是370块，对吧？来，给您钱。谢谢啦！

第17课 幸亏不是大问题

（Dùbiān zū zhù gōngyù de yùshì xiàshuǐdào dǔ le, Dùbiān gěi xiǎoqū de wùyè dǎ diànhuà.）

Dùbiān: Nín hǎo! Qǐngwèn shì xiǎoqū wùyè ma?

Gōngzuò rényuán Xiǎo Zhào: Duì, zhèlǐ shì xiǎoqū wùyè. Nín yǒu shénme shìr?

Dùbiān: Wǒ zhù zài liù hào lóu sān líng wǔ. Wǒ jiā yùshì de xiàshuǐdào dǔ le, nín néng lái wǒ jiā kànkan ma?

Xiǎo Zhào: Hǎode, wǒmen mǎshàng jiù guòqu.

（Xiǎo Zhào、Xiǎo Liú liǎng míng gōngzuò rényuán bānzhe shūtōng xiàshuǐdào de jīqì láidào Dùbiān de gōngyù.）

Xiǎo Zhào: Xiānsheng nín hǎo! Yùshì de xiàshuǐdào dǔ le, shì ma? Chúfáng méi shìr ba?

Dùbiān: Chúfáng de méi shìr, jiùshì yùshì de dǔ le.

Xiǎo Zhào: Nín méiyǒu wǎng xiàshuǐdào lǐ rēng shénme dōngxi ba?

Dùbiān: Wǒ cónglái méi rēng guò.

Xiǎo Zhào: Shénme shíhou dǔ de a?

Dùbiān: Jiùshì gāngcái xǐ zǎo de shíhou, xǐzhe xǐzhe hūrán fāxiàn shuǐ bù wǎngxià liú le. Hàide wǒ zhǐ xǐle yíbànr jiù gǎnjǐn gěi nǐmen dǎ diànhuà.

Xiǎo Zhào: Hái zhēnshi nánwei nín le. Kěnéng shì wūgòu jīde tài duō le, yòu hěn cháng shíjiān méiyǒu qīnglǐ de yuányīn ba. Wǒmen xiànzài jiù bāng nín shūtōng yíxià guǎndào, nín děng yíxià.

Dùbiān: Shīfu, zhèyàng tōng yí cì xūyào duōshǎo qián?

Xiǎo Zhào: Wǒmen de shōu fèi biāozhǔn shì tōng yí cì wǔshí kuài.

Dùbiān: Hǎode. Nà jiù máfan nǐmen le.

（Xiàshuǐdào hěn kuài jiù tōng le.）

Xiǎo Zhào: Xiānsheng, guǎndào tōng le, nín jiēzhe xǐ zǎo ba, wǒmen jiù bù dǎrǎo le. Zàijiàn!

Dùbiān: Nǐmen xīnkǔ le. Zàijiàn!

（Dùbiān xǐ wán zǎo hòu xiǎng dǎkāi diànnǎo shàng wǎng, dànshì tā de diànnǎo kāi bù liǎo jī.）

Dùbiān: Zěnme kāi bù liǎo jī le? Bú huì ba, gāng tōngwánle xiàshuǐdào, zhè diànnǎo yòu huài le. Wǒ yě tài dǎo méi le.

（Dùbiān gěi mǒu pǐnpái de diànnǎo wéixiūdiǎn dǎ diànhuà.）

Dùbiān: Nín hǎo! Wǒ de diànnǎo bù néng kāi jī le, jiǎnchá diànyuán méi fāxiàn shénme wèntí. Nǐmen néng pài rén guòlai kànkan ma?

Diànnǎo wéixiū rényuán Xiǎo Zhāng: Diànnǎo bù néng kāi jī yuányīn hěn duō, kěnéng shì diànyuán de wèntí, yě kěnéng shì zhǔbǎn de wèntí, hái kěnéng shì nèicúntiáo shénmede chū wèntí le. Nín de diànnǎo hái zài bǎoxiūqī ma? Zài bǎoxiūqī nèi wǒmen miǎnfèi shàng mén wéixiū, rúguǒ guòle bǎoxiūqī, wǒmen měi cì yào shōu wǔshí kuài qián shàngménfèi.

Dùbiān: Wǒ de diànnǎo yǐjīng yòngle sān nián le, yīnggāi bú zài bǎoxiūqī le. Wǒ zhèng zháojí yòng ne, nín néng kuài diánr lái ma? Wǒ de dìzhǐ shì Xìngfú Xiǎoqū liù hào lóu sān líng wǔ.

Xiǎo Zhāng: Hǎode, wǒ dàyuē bàn gè xiǎoshí yǐhòu dào.

（Xiǎo Zhāng lái hòu, shǐyòngle xīn de diànyuán shìpèiqì, diànnǎo zhèngcháng kāi jī.）

Xiǎo Zhāng: Shì diànyuán chū wèntí le, nǐ kàn, yòng wǒ dài de zhège diànyuán shìpèiqì, nǐ de diànnǎo jiù néng kāi jī. Xìngkuī bú shì zhǔbǎn de wèntí, rúguǒ shì zhǔbǎn huài le, huàn yí gè chàbuduō děi xūyào liǎngqiān kuài qián, nín hái bùrú mǎi yí gè xīn de ne.

Dùbiān: Xièxie le, bú shì shénme dà wèntí jiù hǎo. Yí gè xīn de diànyuán shìpèiqì duōshǎo qián?

Xiǎo Zhāng: Sānbǎi èrshí kuài.

Dùbiān: Jiāshàng shàngménfèi yīnggāi shì sānbǎi qīshí kuài, duìba? Lái, gěi nín qián. Xièxie la!

第17课　幸亏不是大问题

课文一听说练习

听后根据录音复述并写出听到的句子

(1) _____
(2) _____
(3) _____
(4) _____
(5) _____
(6) _____
(7) _____
(8) _____
(9) _____
(10) _____

三、语言点及练习

(一) 我从来没扔过。

　　"从来"表示"从过去到现在一直"的意思。后面一般接否定形式，如"我从来不去那家饭馆吃饭""我从来没和他说过话"。
　　「从来」は「過去から今までずっと」の意味をあらわします。後ろは普通否定形式となります。例えば、「我从来不去那家饭馆吃饭。」「我从来没和他说过话。」となります。

1. 听录音,仿照例子完成下面的句子

   (1) 我从来不喜欢吃辣的东西。

   (2) _____ 从来 _____。

   (3) _____，但从来 _____。

   (4) _____ 从来 _____。

2. 和你的朋友分享过去的经历,尽量使用"从来"

   例:A:你看过京剧吗?
   　　B:从来没看过。你呢?
   　　A:我也从来没看过。

(二) 刚才洗澡的时候,<u>洗着洗着</u>忽然发现水不往下流了。

　　"V着V着"在意义上是指动作短时地(或说话人主观上认为时间较短)持续进行,表明某事发生的状态,这个结构不能单独成句,要依附于后面的其他谓词性成分。
　　「V着V着」は、動作が時間的に短時間に(話者が主観的に短いと認識している)動作が進行していることを意味し、この構造は単独では文とならず後ろの述語部分に従属しています。

1. 听录音,仿照例子完成下面的句子

   (1) 昨天看电影的时候,我太累了,看着看着就睡着了。

   (2) _____ 着 _____ 着 _____。

   (3) _____ 着 _____ 着 _____。

   (4) _____ 着 _____ 着 _____。

第17课　幸亏不是大问题

2. 将下面A、B两组中匹配的表达用线连起来，并根据情景提示完成任务

A	B
洗着洗着澡	电话响了
大家上着上着课	电脑突然坏了
在网上聊着聊着天	发现小红却哭了起来
孩子们在公园里玩着玩着	一个同学突然大叫了一声
大家笑着笑着	天渐渐黑了

　　使用上面的结构和大家分享你的故事。例如："我和朋友上个周末去唱KTV了，我们玩得非常高兴。小红也唱了一首歌，可是她唱着唱着……"

（三）怎么开不了机了？

　　　　在这种句式里"怎么"是口语的表达，表示"为什么"的意思。
　　　　この文形式における「怎么」は口語的表現であり、「为什么」の意味をあらわします。

1. 听录音，仿照例子完成下面的句子

（1）你上午怎么没有来上课？

（2）_____怎么_____？

（3）_____怎么_____？

（4）_____怎么_____？

2. 根据情景提示,完成下面的任务

例:你和你的朋友约好10点见面,但是到了10点半你的朋友还没有来。你给你的朋友打电话。
A:<u>你怎么还没有来?</u>
B:<u>对不起,我忘了。我现在马上去。</u>

(1) 每个人都知道明天要考试,但是小李不知道。
A:_____?
B:_____。

(2) 你不知道你的朋友为什么买了那么多书。
A:_____?
B:_____。

(3) 天气很热,但是你的朋友穿得很厚。
A:_____?
B:_____。

(4) 问你的朋友你想知道的一件事。
A:_____?
B:_____。

(四) 幸亏不是主板的问题。

"幸亏"表示借以免除困难的有利情况。
「幸亏」は、それによって困難な状況を逃れ有利な状況になったことをあらわします。

1. 听录音,仿照例子完成下面的句子

(1) 幸亏有你帮我,否则我肯定做不好。

(2) 幸亏_____,_____。

第17课　幸亏不是大问题

（3）幸亏_____，_____。

（4）幸亏_____，_____。

2. 根据情景提示，填写下表的空格，并仿照例句造句

例句：渡边的银行卡丢了，幸亏有王峰帮他挂失，否则他可能不知道该怎么办。

渡边的银行卡丢了	王峰帮他挂失	否则他可能不知道该怎么办。
上学的路上我的自行车坏了		否则我可能迟到。
小王把手机忘在桌子上了		
	渡边帮我翻译	

（五）您还不如买一个新的呢。

　　"不如"表示前面提到的人或事物等比不上后面所说的，格式为"A+不如+B+形容词"，句尾的形容词在一定语境下可以省略。如："小王1米73，小张1米80，小王不如小张高""在学习方面，我不如他"。

　　「不如」は前に提示したヒト・コトが後ろに述べたことに及ばないことをあらわします。形式は「A+不如+B+形容词」となります。文末の形容词は限られたコンテキストの中では省略できます。例えば、「小王1米73，小张1米80，小王不如小张高。」「在学习方面，我不如他。」のようになります。

1. 听录音,仿照例子完成下面的句子

   (1) 现在路上有点儿堵,坐出租车不如坐地铁快。

   (2) _____ 不如 _____。

   (3) _____ 不如 _____。

   (4) 买电子词典的时候,_____ 不如 _____。

2. 和你的朋友讨论怎样更好地保护环境。说出你的看法,并给出你的理由

   例句:为了保护环境,我觉得开车上班不如坐公共汽车上班好。因为开车上班会污染空气、用更多的油。

A	B
开车上班	坐公共汽车上班

四、课文二及练习

渡边在洗澡的时候发现浴室的下水道堵了,只好停下来给小区的物业打电话。物业的两名工作人员小赵和小刘很快就带着机器赶到了渡边的公寓。小赵问渡边是不是往下水道里扔什么东西了,渡边说从来没有扔过。所以小赵认为可能是污垢过多导致了下水道的堵塞。下水道很快就疏通好了,

第17课 幸亏不是大问题

费用是50元。下水道通了以后，渡边终于可以接着洗澡了。

渡边洗完澡后，想上一会儿网，可是他的电脑却开不了机了。他检查了一下电源，没有发现什么问题，所以他只好给电脑维修点打电话。在电话中，电脑维修人员小张说电脑不能开机的原因很多，并询问电脑是否还在保修期，因为在保修期内可以免费上门维修，过了保修期要收50元的上门费。很可惜，渡边的电脑已经不在保修期了。打完电话半个小时以后，小张赶到了渡边的公寓。小张检查以后，发现是电源适配器有问题，换一个新的就解决了。修理电脑的所有费用加在一起，渡边一共花了370元。

这天对渡边来说真是不顺利的一天。

Dùbiān zài xǐ zǎo de shíhou fāxiàn yùshì de xiàshuǐdào dǔ le, zhǐhǎo tíng xiàlái gěi xiǎoqū de wùyè dǎ diànhuà. Wùyè de liǎng míng gōngzuò rényuán Xiǎo Zhào hé Xiǎo Liú hěn kuài jiù dàizhe jīqì gǎndàole Dùbiān de gōngyù. Xiǎo Zhào wèn Dùbiān shìbushì wǎng xiàshuǐdào lǐ rēng shénme dōngxi le, Dùbiān shuō cónglái méiyǒu rēngguò. Suǒyǐ Xiǎo Zhào rènwéi kěnéng shì wūgòu guò duō dǎozhìle xiàshuǐdào de dǔsè. Xiàshuǐdào hěn kuài jiù shūtōng hǎo le, fèiyòng shì wǔshí yuán. Xiàshuǐdào tōngle yǐhòu, Dùbiān zhōngyú kěyǐ jiēzhe xǐ zǎo le.

Dùbiān xǐ wán zǎo hòu, xiǎng shàng yíhuìr wǎng, kěshì tā de diànnǎo què kāi bù liǎo jī le. Tā jiǎnchále yíxià diànyuán, méiyǒu fāxiàn shénme wèntí, suǒyǐ tā zhǐhǎo gěi diànnǎo wéixiūdiǎn dǎ diànhuà. Zài diànhuà zhōng, diànnǎo wéixiū rényuán Xiǎo Zhāng shuō diànnǎo bù néng kāi jī de yuányīn hěn duō, bìng xúnwèn diànnǎo shìfǒu hái zài bǎoxiūqī, yīnwèi zài bǎoxiūqī nèi kěyǐ miǎnfèi shàng mén wéixiū, guòle bǎoxiūqī yào shōu wǔshí yuán de shàngménfèi. Hěn kěxī, Dùbiān de diànnǎo yǐjīng bú zài bǎoxiūqī le. Dǎwán diànhuà bàn gè xiǎoshí yǐhòu, Xiǎo Zhāng gǎndàole Dùbiān de gōngyù. Xiǎo Zhāng jiǎnchá yǐhòu, fāxiàn shì diànyuán shìpèiqì yǒu wèntí, huàn yí gè xīn de jiù jiějué le. Xiūlǐ diànnǎo de suǒyǒu fèiyòng jiā zài yìqǐ, Dùbiān yígòng huāle sānbǎi qīshí yuán.

　　Zhè tiān duì Dùbiān láishuō zhēnshi bú shùnlì de yì tiān.

课文二练习

1. 先听一遍录音,然后填空

　　渡边在洗澡的时候发现浴室的下水道_____了,只好停下来给小区的_____打电话。物业的两名工作人员小赵和小刘很快就_____着机器_____了渡边的公寓。小赵问渡边是不是往下水道里_____什么东西了,渡边说从来没有扔过。所以小赵认为可能是污垢过多_____了下水道的堵塞。下水道很快就疏通好了,_____是50元。下水道通了以后,渡边终于可以_____洗澡了。

　　渡边洗完澡后,想上一会儿网,可是他的电脑却_____了。他检查了一下电源,没有发现什么问题,所以他只好给_____打电话。在电话中,电脑维修人员小张说电脑不能开机的原因很多,并_____电脑是否还在保修期,因为在保修期内可以_____维修,过了保修期要收50元的上门费。很_____,渡边的电脑已经不在保修期了。打完电话半个小时以后,小张_____了渡边的公寓。小张检查以后,发现是_____适配器有问题,换一个新的就解决了。修理电脑的所有费用加在一起,渡边一共花了_____元。

　　这天对渡边来说真是_____的一天。

第17课　幸亏不是大问题

2. 再听一遍录音,然后填表

听第一段录音,填写下面的表格。

渡边	租住的公寓怎么了?	
	给哪儿打电话?	
工作人员小赵	问了什么问题?	
	认为是什么原因?	

听第二段录音,填写下面的表格。

渡边	洗完澡以后想做什么?	
	电脑出什么问题了?	
	电脑还在保修期吗?	
工作人员小赵	检查以后认为有什么问题?	
修理电脑的费用一共是多少?		

3. 连词成句

（1）机器　赶到了　带着　很快就　工作人员　渡边的公寓

_____。

（2）保修期　还在　是否　询问　维修人员　电脑

_____。

（3）加在　所有费用　一共　一起　花了370元　修理电脑的　渡边

_____。

4. 试着根据练习2的表格复述课文

五、综合练习

词汇练习

1. 组词（两个或三个）

    例：书　书本/图书/书店

    原 _____　　　共 _____

    常 _____　　　费 _____

    修 _____　　　道 _____

2. 词语搭配

    检查_____　　清理_____　　解决_____

    _____堵塞　　维修_____　　疏通_____

    上门_____　　标准_____　　品牌_____

    租_____　　　搬_____　　　扔_____

3. 选词填空

    忽然　顺利　难为　打扰　只好　导致　可惜

    (1) 虽然是第一次，但是我_____地完成了。

    (2) 可能是因为开机时间过长_____了电脑出问题。

    (3) 差一点儿我们就赢了，真是太_____了。

    (4) 没有别的办法，我_____给家里打电话。

    (5) 今天真是_____你了，让你跑这么远过来。

    (6) 爸爸正在睡觉呢，别_____他。

(7) 我正在屋子里看书，_____外面有人大喊了一声。

4. 问答练习（回答时须使用指定的词语）

(1) 你现在是在租房子住吗？每个月所有费用加起来一共花多少钱？
(2) 你学汉语大约有多长时间了？
(3) 你所在的城市堵车堵得厉害吗？
(4) 你知道你所在城市出租车的收费标准吗？
(5) 你经常清理自己的书桌吗？
(6) 你的电脑是什么品牌的？保修期是多长时间？
(7) 你换过手机吗？是什么原因让你换手机的？
(8) 你认为是什么原因导致你这次考试没有考好呢？
(9) 在正常的情况下，你从学校回家需要多长时间？
(10) 你有过赶飞机或者赶火车的经历吗？当时是什么情况？

5. 生词扩展

电脑相关词汇：

屏幕	píngmù	スクリーン
键盘	jiànpán	キーボード
鼠标	shǔbiāo	マウス
显卡	xiǎnkǎ	ビデオカード
声卡	shēngkǎ	サウンドカード
光驱	guāngqū	CD-ROMドライブ
硬盘	yìngpán	ハードディスク
U盘	U pán	USBフラッシュディスク
操作系统	cāozuò xìtǒng	オペレーティングシステム
硬件	yìngjiàn	ハードウェア
软件	ruǎnjiàn	ソフトウェア

课堂活动

1. 模拟上门维修的整个流程

出什么问题了？_____

分三个场景：一、发现问题

二、给维修人员打电话，告诉对方情况并询问到达时间。

三、确定并解决问题，付款。

一个人扮演房子或东西出问题的人，一个人扮演维修人员。

2. 出大问题了！

在课文中渡边的一天虽然很倒霉，但是没有发生大问题。你有没有经历过不能马上解决的大问题呢？后来的结果怎么样？和大家分享一下。

六、文化掠影

中国的维修服务

在中国，<u>房地产</u>公司和物业公司往往是分离的，房地产公司主要负责建房和卖房，而物业公司则主要负责对所在小区的房屋及<u>配套</u>的设施设备和相关场地进行维修、<u>养护</u>、管理，维护小区内的环境卫生和相关<u>秩序</u>。所以<u>业主</u>入住后，一旦房子出现问题往往需要通过物业公司解决。如果是房子本身出了问题，维修人员

房地产（fángdìchǎn）：不動産。

配套（pèitào）：（部分的なものを）組み合わせて完成品にする。

养护（yǎnghù）：（機械・建物や資源などを）保護する。

秩序（zhìxù）：秩序。

业主（yèzhǔ）：（不動産や企業の）所有者。

第17课　幸亏不是大问题

当然会上门维修。

　　另外，各种家电的维修一般也是可以要求上门服务的，但如果超过了保修期，就会收取一定的上门服务费。不过对于电脑来说，虽然软件问题一般可以通过上门维修解决，但是硬件问题即使是上门服务也常常需要把电脑带回维修点才能进行维修。一般来说，顾客购买电器时都会得到一张维修卡(或者叫保修卡)，如果以后出了问题，可以首先考虑打这张卡片上的服务电话或维修电话。

保修卡(bǎoxiūkǎ)保証カード。

想一想，聊一聊

(1) 中国的房地产公司和物业公司各负责什么？
(2) 如果电脑出问题了，你一般会怎么处理？
(3) 你喜欢自己在家修理东西吗？说说原因。
(4) 在日本，房子出了问题一般是怎么解决的？

第18课　今天我真有口福

> **课前热身**
>
> ☞ 你平时在哪里吃饭？
> ☞ 你最喜欢吃的中国菜是哪个？
> ☞ 你会做中国菜或日本菜吗？如果会的话，请介绍一下做法。

一、生词和短语

1. 口福	kǒufú	名	運よくごちそうを口にすること	有～；～不浅。
2. 油条	yóutiáo	名	小麦粉を練って細長くし，油で揚げた食品	
3. 包子	bāozi	名	まんじゅう、肉まん	
4. 豆浆	dòujiāng	名	豆乳	
5. 早点	zǎodiǎn	名	朝食、朝の軽い食事	吃～；传统的～。
6. 口号	kǒuhào	名	スローガン	喊～；政治～；健康～；人生～。
7. 挑食	tiāoshí	动	偏食する	这个孩子～；你要改一改～的习惯。
8. 滑嫩	huánèn	形	なめらかでやわらかい	口感～；～的肉片；吃起来很～。

第18课　今天我真有口福

9. 鸡肉	jīròu	名	鶏肉	
10. 香脆	xiāngcuì	形	香ばしくてさくさくと歯ざわりがいい	～可口；～的饼干；～的炸鸡；～的油条。
11. 稍微	shāowēi	副	すこし	～快一点；～软一点；～走几步；～有点热；～点点头。
12. 酸甜	suāntián	形	酸っぱくて甘い	～可口；口味～；又酸又甜。
13. 难不倒	nánbudǎo		困らせられません	这么简单的问题～我；他的问题把我难倒了。
14. 官职	guānzhí	名	官吏のポスト、地位	很高的～；担任～。
15. 发明	fāmíng	动/名	発明する、発明	一项～；～电灯；～电脑；新的～。
16. 烹饪	pēngrèn	动	(料理を)つくる、調理する	～菜肴；～的方法；我喜欢～。
17. 煎	jiān	动	(少量の油で)炒める	～鸡蛋；～饼；～鱼。
18. 炒	chǎo	动	炒める、	～菜；～锅；～勺。
19. 烹	pēng	动	(料理)油でさっと炒めてから、調味料を加えて混ぜ合わせる	～饪；～调；～炒；～大虾。
20. 炸	zhá	动	油で揚げる	～薯条；～油条；～鸡。
21. 理论	lǐlùn	名	理論	学习～；研究～；深刻的～；枯燥的～。
22. 做法	zuòfǎ	名	やり方、作り方	菜的～；包子的～；介绍～；学习～。

23. 鸡胸肉	jīxiōngròu	名	鶏の胸肉	
24. 葱	cōng	名	ネギ	
25.（生)姜	(shēng) jiāng	名	ショウガ	
26. 蒜	suàn	名	ニンニク	
27. 辣椒	làjiāo	名	トウガラシ	
28. 花椒	huājiāo	名	サンショウ	
29. 淀粉	diànfěn	名	でんぷん	
30. 酱油	jiàngyóu	名	しょうゆ	
31. 醋	cù	名	酢	
32. 糖	táng	名	砂糖	
33. 盐	yán	名	塩	
34. 好学	hàoxué	形	勉強好きだ、知識欲が旺盛だ	～的人;她很～。
35. 切	qiē	动	(刃物で)切る	～菜;～西瓜;～蛋糕;～成两半。
36. 方块儿	fāngkuàir	名	四角いもの	切成～。
37. 丁	dīng	名	野菜や肉などのさいの目切り	切成～;肉～;黄瓜～。
38. 料酒	liàojiǔ	名	料理酒	
39. 勺	sháo	名	しゃくし、さじ、スプーン	小～;～子;汤～;一把～子。
40. 拌	bàn	动	かき混ぜる、混ぜ合わせる	～菜;凉～;～黄瓜。
41. 匀	yún	形	均等だ、平均している	拌～;放～。
42. 片	piàn	名	平たく薄いもの	姜～;肉～;土豆～;面包～。
43. 调	tiáo	动	整える、調整する	～味;～汁;～酒;～料;～温度。

第18课　今天我真有口福

44. 油	yóu	名	あぶら	
45. 金黄色	jīnhuángsè	名	黄金色	～的树叶;～的麦田。
46. 光	guāng	副	ただそれだけ	～喝水不吃饭;～笑不说话。
47. 露一手	lòu yìshǒu		腕前を披露する	今天我给你们～。
48. 来历	láilì	名	ものの由来、人の生まれや育ち	菜的～;人的～;成语的～;搞清楚～。
49. 领	lǐng	动	率いる、導く	～朋友去商店;～着孩子去学校。
50. 夸奖	kuājiǎng	动/名	ほめる、称賛する	～孩子;～学生;受到～。
51. 入	rù	动	外から内に入る	放～;倒～;进～。
52. 浇	jiāo	动	水などをかける	～水;～花;～汁。

专　名

1. 酸辣白菜	Suānlà Báicài	名	酢と唐辛子で味付けした白菜
2. 西红柿炒鸡蛋	Xīhóngshì Chǎo Jīdàn	名	トマトと卵の炒め料理
3. 宫保鸡丁	Gōngbǎo Jīdīng	名	角切りトリ肉の辛味あんかけ
4. 鱼香肉丝	Yúxiāng Ròusī	名	細切り肉のからし炒め
5. 麻婆豆腐	Mápó Dòufu	名	マーボ豆腐
6. 水煮鱼	Shuǐzhǔyú	名	唐辛子や胡椒で味付けした水煮魚
7. 酸辣汤	Suānlàtāng	名	酢と唐辛子で味付けした卵スープ
8. 北京烤鸭	Běijīng Kǎoyā	名	北京ダック

二、课文一及练习

（王峰和渡边在食堂吃饭。）

渡　边：今天这个酸辣白菜是不是咸了点儿？

王　峰：嗯，是咸了点儿。渡边啊，你来中国已经有三个月了吧，这段时间，你都吃过什么中国菜啦？

渡　边：那可太多了，比如说西红柿炒鸡蛋、宫保鸡丁、鱼香肉丝、麻婆豆腐、水煮鱼、酸辣汤什么的。北京烤鸭当然也吃过了，不过我最喜欢的还是宫保鸡丁。油条、包子、豆浆这些早点我也很喜欢。我的口号是"中国人吃什么我就吃什么"！

王　峰：哈哈，你还真不挑食！宫保鸡丁确实很好吃，滑嫩的鸡肉、香脆的花生，有点儿辣，还稍微有点儿酸甜。考考你，你知道它为什么叫"宫保鸡丁"吗？

渡　边：这你可难不倒我。"宫保"是一个官职，就是那个发明这道菜的人的官职。我非常想知道这个菜是怎么做的。

王　峰：我的朋友小刘可以教你，一般的菜她都会做。咱们俩找个时间去她家吧。

渡　边：那太好啦，谢谢！

（在小刘家里。）

小　刘：中国菜的烹饪方法很多，比如说煎、炒、烹、炸……

王　峰：好了，好了，这些理论知识你就不用说了，渡边都知道。

渡　边：只知道一点儿，还要多向你学习。

小　刘：还挺谦虚的。宫保鸡丁的做法有很多，今天咱们做一

第18课　今天我真有口福

个简单的。这些是做宫保鸡丁需要的材料：鸡胸肉、葱、生姜、蒜、干辣椒、花椒、淀粉、炒花生、酱油、醋、糖和盐。

渡　边：嗯，等一下，我要把这些东西都记在本子上。

小　刘：不但挺谦虚，还挺好学。先把鸡肉切成小方块儿，也就是切成丁，然后把鸡丁放到盘子里，加一点儿盐和料酒，再加一勺淀粉，拌匀。然后把辣椒和葱切成小段，把生姜和蒜切成片。接下来就是调汁，需要用酱油、醋、淀粉、糖和水。下面要开始炒了。先往锅里倒一些油，油热了以后，把辣椒和花椒放进去，炸成金黄色。然后把鸡丁放进去，炒一会儿，鸡丁变白了以后，把切好的葱、蒜和生姜放进去，炒一分钟左右，最后把调好的汁和花生放进去，炒匀就可以了。

（小刘一边说一边炒，渡边一边听一边记。）

小　刘：做好了。大家尝尝味道怎么样？

王　峰：真好吃！这是我吃过的最好吃的宫保鸡丁！

渡　边：呵呵，今天我可真有口福啊！

小　刘：你们两个人嘴还挺甜的。光说好可不行啊，下次你们也来露一手，我看看你们是不是真的学会了。

(Wáng Fēng hé Dùbiān zài shítáng chī fàn.)

Dùbiān:　　　Jīntiān zhège Suānlà Báicài shìbushì xiánle diǎnr?

Wáng Fēng:　Èn, shì xiánle diǎnr. Dùbiān a, nǐ lái Zhōngguó yǐjīng yǒu sān gè yuè le ba, zhè duàn shíjiān, nǐ dōu chīguò shénme Zhōngguó cài la?

Dùbiān:　　　Nà kě tài duō le, bǐrúshuō Xīhóngshì Chǎo Jīdàn、Gōngbǎo Jīdīng、Yúxiāng Ròusī、Mápó Dòufu、Shuǐzhǔyú、Suānlàtāng shénmede. Běijīng Kǎoyā

	dāngrán yě chīguò le, búguò wǒ zuì xǐhuan de hái shì Gōngbǎo Jīdīng. Yóutiáo、bāozi、dòujiāng zhèxiē zǎodiǎn wǒ yě hěn xǐhuan. Wǒ de kǒuhào shì "Zhōngguórén chī shénme wǒ jiù chī shénme"!
Wáng Fēng:	Hā ha, nǐ hái zhēn bù tiāoshí! Gōngbǎo Jīdīng quèshí hěn hǎochī, huánèn de jīròu、xiāngcuì de huāshēng, yǒudiǎnr là, hái shāowēi yǒudiǎnr suāntián. Kǎokao nǐ, nǐ zhīdào tā wèishénme jiào "Gōngbǎo Jīdīng" ma?
Dùbiān:	Zhè nǐ kě nánbudǎo wǒ. "Gōngbǎo" shì yí gè guānzhí, jiùshì nàge fāmíng zhè dào cài de rén de guānzhí. Wǒ fēicháng xiǎng zhīdào zhège cài shì zěnme zuò de.
Wáng Fēng:	Wǒ de péngyou Xiǎo Liú kěyǐ jiāo nǐ, yìbān de cài tā dōu huì zuò. Zánmen liǎ zhǎo gè shíjiān qù tā jiā ba.
Dùbiān:	Nà tài hǎo la, xièxie!
(Zài Xiǎo Liú jiā lǐ.)	
Xiǎo Liú:	Zhōngguó cài de pēngrèn fāngfǎ hěn duō, bǐrúshuō jiān、chǎo、pēng、zhá……
Wáng Fēng:	Hǎo le, hǎo le, zhèxiē lǐlùn zhīshi nǐ jiù bú yòng shuō le, Dùbiān dōu zhīdào.
Dùbiān:	Zhǐ zhīdào yìdiǎnr, hái yào duō xiàng nǐ xuéxí.
Xiǎo Liú:	Hái tǐng qiānxū de. Gōngbǎo Jīdīng de zuòfǎ yǒu hěn duō, jīntiān zánmen zuò yí gè jiǎndān de. Zhè xiē shì zuò Gōngbǎo Jīdīng xūyào de cáiliào: jīxiōngròu、cōng、shēngjiāng、suàn、gān làjiāo、huājiāo、diànfěn、chǎo huāshēng、jiàngyóu、cù、táng hé yán.
Dùbiān:	Èn, děng yíxià, wǒ yào bǎ zhèxiē dōngxi dōu jì zài běnzi shàng.
Xiǎo Liú:	Búdàn tǐng qiānxū, hái tǐng hàoxué. Xiān bǎ jīròu qiēchéng xiǎo fāngkuàir, yě jiùshì qiēchéng dīng, ránhòu bǎ jīdīng fàng dào pánzi lǐ, jiā yìdiǎnr yán

第18课　今天我真有口福

hé liàojiǔ, zài jiā yì sháo diànfěn, bàn yún. Ránhòu bǎ làjiāo hé cōng qiēchéng xiǎo duàn, bǎ shēngjiāng hé suàn qiēchéng piàn. Jiē xiàlái jiùshì tiáo zhī, xūyào yòng jiàngyóu、cù、diànfěn、táng hé shuǐ. Xiàmian yào kāishǐ chǎo le. Xiān wǎng guōlǐ dào yìxiē yóu, yóu rèle yǐhòu, bǎ làjiāo hé huājiāo fàng jìnqù, zháchéng jīnhuángsè. Ránhòu bǎ jīdīng fàng jìnqù, chǎo yíhuìr, jīdīng biàn báile yǐhòu, bǎ qiēhǎo de cōng、suàn hé shēngjiāng fàng jìnqu, chǎo yì fēnzhōng zuǒyòu, zuìhòu bǎ tiáohǎo de zhī hé huāshēng fàng jìnqu, chǎoyún jiù kěyǐ le.

(Xiǎo Liú yìbiān shuō yìbiān chǎo, Dùbiān yìbiān tīng yìbiān jì.)

Xiǎo Liú: Zuòhǎo le. Dàjiā chángchang wèidào zěnmeyàng?

Wáng Fēng: Zhēn hǎochī! Zhè shì wǒ chīguò de zuì hǎochī de Gōngbǎo Jīdīng!

Dùbiān: Hē hē, jīntiān wǒ kě zhēn yǒu kǒufú a!

Xiǎo Liú: Nǐmen liǎng gè rén zuǐ hái tǐng tián de. Guāng shuō hǎo kě bù xíng a, xià cì nǐmen yě lái lòu yìshǒu, wǒ kànkan nǐmen shìbushì zhēnde xuéhuì le.

课文一听说练习

听后根据录音复述并写出听到的句子

(1)

(2)

(3)

(4)

(5) _____
(6) _____
(7) _____
(8) _____
(9) _____
(10) _____

三、语言点及练习

（一）有点儿辣，还稍微有点儿酸甜。

　　"稍微"是副词，表示数量少或程度浅。使用"稍微"时，句子的语气比较柔和。常见的表达有"稍微有点儿+adj.""稍微 v./adj.+一点儿/一下"等，如"稍微有点儿累""稍微加点儿盐""天气稍微凉爽了一些""下面我稍微介绍一下学校的情况"。其他的表达还有"你不能总在家里待着，得稍微运动运动"等。

　　「稍微」は副詞で、数量が少ないことまたは程度が低いことをあらわします。「稍微」を使うと、文のニュアンスがやわらかくなります。よくみられる表現に「稍微有点儿+adj.」「稍微 v./adj.+一点儿/一下」などがあり、「稍微有点儿累」「稍微加点儿盐」「天气稍微凉爽了一些」「下面我稍微介绍一下学校的情况」などのように用いられます。そのほかに、「你不能总在家里待着，得稍微运动运动」のようにも用いられます。

第18课　今天我真有口福

1. 听录音，仿照例子完成下面的句子

   (1)　　这个菜　　　　　　　　有点儿咸。
   (2) (　　　　　)　　　　　(　　　　　)
   (3) (　　　　　)　　稍微　(　　　　　)
   (4) (　　　　　)　　　　　(　　　　　)

2. 根据提示，使用"稍微"表达你的想法或要求

   例：这件衣服太小了，我想再试一件稍微大一点儿的。

衣服太小了	想试一件稍微大一点儿的衣服
屋里太热了	
明天有考试	(提示词：准备)
你的作文写错了很多字	
听不清你说的话	

（二）与味觉、嗅觉或口感相关的词。

　　"酸、甜、苦、辣、咸"等常用来表达各种味道。"香、臭、酸"等常用来表达气味。有时这些词可以组合在一起用，如"酸甜、酸辣、酸臭、香辣、香甜"等。

　　另外，"嫩、滑、脆"等这些表达口感的词有时可以两个一起用或者和上面提到的词在一起用，如"滑嫩、香嫩、香脆"等。

　　而且这些组合起来的词往往可以在后面加上"可口"这个词来表达好吃的意思，如"酸甜可口、香嫩可口"等。

　　「酸、甜、苦、辣、咸」は、いろいろな味を表現するのによく用いられます。「香、臭、酸」は臭覚を表すのによく用いられます。これらの単語を組み合わせて一緒に用いることもできます。例えば、「酸甜、酸辣、酸臭、香辣、香甜」のように用います。

　　このほか、「嫩、滑、脆」のように口当たりをあらわす単語は、二

つ共に、あるいは上記の単語と共に用いることができます。例えば「滑嫩、香嫩、香脆」のように用います。

しかも、これらの組み合わせた単語は、後ろに「可口」を加えることでおいしいということをあらわすこともできます。例えば、「酸甜可口、香嫩可口」のように用います。

1. 听录音,完成下面的句子

（1）臭豆腐闻起来＿＿＿＿＿,吃起来＿＿＿＿＿。

（2）这种方便面可以干吃,＿＿＿＿＿。

（3）他做菜时喜欢＿＿＿＿＿。

（4）这些没有吃完的东西＿＿＿＿＿。

2. 和你的朋友谈一谈你喜欢吃的东西,并描述一下它的味道

例：我喜欢喝酸辣汤,味道有点儿酸还有点儿辣……

（三）把鸡肉切成小方块儿

"把+名+动+补"表示对某一对象进行处置之后所造成的结果。这类动词一般是有处置意义的动词,也可以说这些动词必须有名词可以支配,比如"切、翻、倒、放、停",用"把"字句时,动词的后边必须要有处置之后的结果。

「把+名詞+動詞+補語」はある対象に処置を加えた後の結果をあらわします。この類の動詞は普通処置の意味を持った動詞であり、逆に、これらの動詞は支配できる名詞を伴っていなければならないということもできます。例えば、「切、翻、倒、放、停」で、「把」構文を用いるときには、動詞の後ろに処置の後の結果を表す語を伴っていなければなりません。

第18课　今天我真有口福

1. 听录音,仿照例子完成下面的句子

　　(1)　　　　书翻到第15页。
　　(2)　把　(　　　　　　　　　)
　　(3)　　　(　　　　　　　　　)
　　(4)　　　(　　　　　　　　　)

2. 根据提示,完成任务

　　(1) 告诉朋友怎样做水果沙拉

　　　　先把苹果切成小块儿,再把　　　　　　　　　　。

　　(2) 让小孩子收拾一下桌子

　　　　把书放到书架上,把　　　　　　　　　　。

　　(3) 把东西搬进新房间里

　　　　我想把椅子放在这儿,把　　　　　　　　　　。

　　(4) 告诉别人怎样填表

　　　　把名字写在这儿,把　　　　　　　　　　。

(四) 光说好可不行啊,下次你们也来露一手。

　　"光"在这里表示"仅、只"的意思,是常用的口语形式,如"他每天光知道玩,一点儿也不学习""他这个人,光说不练"。

　　「光」はここでは「仅、只」の意味をあらわし、常用される口語形式です。例えば、「他每天光知道玩,一点儿也不学习。」、「他这个人,光说不练。」のように用います。

中日桥汉语 准中级下

1. 听录音,仿照例子完成下面的句子

(1) 学外语　　　　看书是不行的,还要多说。
(2) (　　　)　光　(　　　　　　　　　　)
(3) (　　　)　　　(　　　　　　　　　　)
(4) (　　　)　　　(　　　　　　　　　　)

2. 仿照例句,和你的朋友交流一下学习、工作或生活方面的心得

例句:A:你平时怎么学汉语啊?
　　　B:我每天看汉语书。
　　　A:我觉得光看书是不够的,还要多听、多说。

(1) A:你做　　　　　(菜)的时候,经常放什么啊?

　　B:

　　A:

(2) A:你平时怎样锻炼身体啊?

　　B:

　　A:

(3) A:写作业的时候,你都从哪里找资料啊?

　　B:

　　A:

(4) A:　　　　　　　　　　　　　　　　?

　　B:

　　A:

第18课　今天我真有口福

四、课文二及练习

　　渡边来中国三个月了，他已经吃过了很多中国菜。他有一个口号是"中国人吃什么我就吃什么"。虽然从北京烤鸭到普通的早点他都吃过，但是他最喜欢的还是宫保鸡丁。王峰想考一考渡边，问他知不知道宫保鸡丁这个菜名的来历。这可难不倒渡边，他知道"宫保"是发明这道菜的人的官职。因为渡边还想知道宫保鸡丁的做法，所以王峰领着他到了朋友小刘的家里。

　　小刘先给王峰和渡边介绍了一下做中国菜常用的一些烹饪方法，而王峰认为渡边了解很多这方面的知识，所以请小刘直接讲宫保鸡丁的做法。小刘一边做一边讲，渡边一边听一边记。小刘夸奖渡边是个谦虚好学的人。下面就是小刘讲的宫保鸡丁的简单做法。

　　首先要准备好所需要的材料，包括鸡胸肉、葱、生姜等。把鸡肉切成丁，然后加盐、料酒和淀粉拌匀。辣椒和葱要切成段，生姜和蒜要切成片，再用酱油、醋等调汁。这些都准备好以后，就可以炒了。先炸辣椒和花椒，然后炒鸡丁，接着放葱、姜、蒜，最后放入炸好的花生并浇上汁。

　　王峰和渡边都非常喜欢吃小刘做的宫保鸡丁。小刘让他们俩下次也来露一手，看看是不是真的学会了。

　　Dùbiān lái Zhōngguó sān gè yuè le, tā yǐjīng chīguò le hěn duō Zhōngguó cài. Tā yǒu yí gè kǒuhào shì "Zhōngguórén chī shénme wǒ jiù chī shénme". Suīrán cóng Běijīng Kǎoyā dào pǔtōng de zǎodiǎn tā dōu chīguò, dànshì tā zuì xǐhuan de háishì Gōngbǎo Jīdīng. Wáng Fēng xiǎng kǎoyikǎo Dùbiān, wèn tā zhī bù zhīdào Gōngbǎo Jīdīng zhège càimíng de láilì. Zhè kě nánbudǎo Dùbiān, tā zhīdào "gōngbǎo" shì fāmíng zhè dào cài de rén de guānzhí. Yīnwèi Dùbiān hái xiǎng zhīdào Gōngbǎo Jīdīng de zuòfǎ, suǒyǐ Wáng Fēng lǐngzhe tā dàole péngyou Xiǎo Liú de jiā lǐ.

  Xiǎo Liú xiān gěi Wáng Fēng hé Dùbiān jièshàole yíxià zuò Zhōngguó cài chángyòng de yìxiē pēngrèn fāngfǎ, ér Wáng Fēng rènwéi Dùbiān liǎojiě hěn duō zhè fāngmiàn de zhīshi, suǒyǐ qǐng Xiǎo Liú zhíjiē jiǎng Gōngbǎo Jīdīng de zuòfǎ. Xiǎo Liú yìbiān zuò yìbiān jiǎng, Dùbiān yìbiān tīng yìbiān jì. Xiǎo Liú kuājiǎng Dùbiān shì gè qiānxū hàoxué de rén. Xiàmian jiù shì Xiǎo Liú jiǎng de Gōngbǎo Jīdīng de jiǎndān zuòfǎ.

  Shǒuxiān yào zhǔnbèi hǎo suǒ xūyào de cáiliào, bāokuò jīxiōngròu、cōng、shēngjiāng děng. Bǎ jīròu qiēchéng dīng, ránhòu jiā yán、liàojiǔ hé diànfěn bànyún. Làjiāo hé cōng yào qiēchéng duàn, shēngjiāng hé suàn yào qiēchéng piàn, zài yòng jiàngyóu、cù děng tiáo zhī. Zhè xiē dōu zhǔnbèi hǎo yǐhòu, jiù kěyǐ chǎo le. Xiān zhá làjiāo hé huājiāo, ránhòu chǎo jīdīng, jiēzhe fàng cōng、jiāng、suàn, zuìhòu fàngrù zháhǎo de huāshēng bìng jiāo shàng zhī.

  Wáng Fēng hé Dùbiān dōu fēicháng xǐhuan chī Xiǎo Liú zuò de Gōngbǎo Jīdīng. Xiǎo Liú ràng tāmenliǎ xià cì yě lái lòu yìshǒu, kànkan shìbushì zhēnde xuéhuì le.

课文二练习

1. 先听一遍录音,然后填空

渡边来中国三个月了,他已经吃过了很多中国菜。他有一个_____是"中国人吃什么我就吃什么"。虽然从北京烤鸭到普通的_____他都吃过,但是他最喜欢的还是宫保鸡丁。王峰想考一考渡边,问他知不知道宫保鸡丁这个菜名

第18课　今天我真有口福

的_____。这可难不_____渡边,他知道"宫保"是发明这道菜的人的_____。因为渡边还想知道宫保鸡丁的_____,所以王峰_____着他到了朋友小刘的家里。

小刘先给王峰和渡边介绍了一下做中国菜常用的一些_____方法,而王峰认为渡边了解很多这方面的知识,所以请小刘_____讲宫保鸡丁的做法。小刘一边做一边讲,渡边一边听一边记。小刘夸奖渡边是个_____好学的人。下面就是小刘讲的宫保鸡丁的简单做法。

首先要准备好所需要的_____,包括鸡胸肉、葱、生姜等。把鸡肉切成_____,然后加盐、料酒和淀粉拌_____。辣椒和葱要切成_____,生姜和蒜要切成_____,再用酱油、醋等调_____。这些都准备好以后,就可以_____了。先炸辣椒和花椒,然后炒鸡丁,接着放葱、姜、蒜,最后放入炸好的花生并_____上汁。

王峰和渡边都非常喜欢吃小刘做的宫保鸡丁。小刘让他们俩下次也来_____,看看是不是真的学会了。

2. 再听一遍录音,然后填表

听第一段录音,填写下面的表格。

渡边	都吃过什么中国菜?	
	最喜欢吃什么菜?	
	知道那个菜的来历和做法吗?	
王峰	做了什么?	

听第二段录音，填写下面的表格。

王峰请小刘做什么？	
小刘是怎么做的？	

听第三段、第四段录音，填写下面的表格。

做宫保鸡丁需要准备什么材料？	
鸡肉要怎么处理？	
辣椒和葱要怎么处理？	
生姜和蒜要怎么处理？	
炒宫保鸡丁的步骤是什么？	
小刘让渡边和王峰做什么？	

3. 连词成句

(1) 领着　到了　里　王峰　他　朋友小刘的家

　　_____。

(2) 常用的　烹饪方法　做中国菜　一下　一些　先给　介绍了　小刘　他们

　　_____。

(3) 露一手　来　也　让　下次　小刘　他们

　　_____。

4. 试着根据练习2的表格复述课文

第18课 今天我真有口福

五、综合练习

词汇练习

1. 组词（两个或三个）

   例：书　～本/图～/～店

   方＿＿＿＿＿＿＿＿＿　　　来＿＿＿＿＿＿＿＿＿

   明＿＿＿＿＿＿＿＿＿　　　生＿＿＿＿＿＿＿＿＿

   食＿＿＿＿＿＿＿＿＿　　　口＿＿＿＿＿＿＿＿＿

2. 词语搭配

   ＿＿＿＿＿＿夸奖　　＿＿＿＿＿＿知识　　烹饪＿＿＿＿＿＿

   ＿＿＿＿＿＿可口　　＿＿＿＿＿＿口号　　浇＿＿＿＿＿＿

   ＿＿＿＿＿＿发明　　＿＿＿＿＿＿方面　　调＿＿＿＿＿＿

3. 选词填空

   谦虚　领　常用　难不倒　露一手　来历

   (1) 他没有朋友，也没有人知道他的＿＿＿＿＿＿。

   (2) 他去过那里很多次，有他＿＿＿＿＿＿着你，你不用担心。

   (3) 这件事情可＿＿＿＿＿＿我，我是有准备的。

   (4) 学外语的时候，把＿＿＿＿＿＿的词学好非常重要。

   (5) 你不用＿＿＿＿＿＿了，今天你一定要给我们＿＿＿＿＿＿。

4. 词语问答练习（回答时必须使用指定词语）

(1) 你吃过宫保鸡丁吗？如果吃过，你觉得它的味道怎么样？
(2) 早上你一般吃什么？
(3) 你经常得到别人的夸奖吗？
(4) 你知道一些简单的中国菜的做法吗？
(5) 你吃东西挑食吗？
(6) 在学习汉语的过程中，有什么把你难倒的地方吗？
(7) 你们班里谁最好学？
(8) 你知道语言学有哪些理论吗？
(9) 你知道中国人倒酒和倒茶的习惯吗？
(10) 你知道怎么区分醋和酱油吗？

5. 生词扩展

蒸	zhēng	蒸す
溜	liū	油でいためてからくずあんをかける
烩	huì	とろみをつけて煮込む
煨	wēi	とろ火でゆっくりと煮込む
烧	shāo	油で揚げてから煮込む調理法．煮てから油で揚げる場合も含む
焖	mèn	ふたをして、とろ火で煮る
卤	lǔ	塩水に薬味を加えて煮たり、しょうゆで煮る
熏	xūn	燻製にする
腌	yān	塩で漬け込む
火锅	huǒguō	鍋の一種．しゃぶしゃぶ用などに使う

第18课　今天我真有口福

> 课堂活动

1. 模拟做中国菜

    向大家介绍一个中国菜的做法，由自己决定介绍哪一个。
    分两大部分：一、说明需要准备的材料。
    　　　　　　二、详细说明并表演从切菜到把菜做好的每一步。

2. 讨论：一般来说，中国菜的做法和日本菜有什么不同？

    中国菜：_____

    日本菜：_____

> 六、文化掠影

中国的饮食文化

中国饮食文化<u>源远流长</u>，品种丰富，<u>享誉</u>全球。在中国菜中，往往同样一种<u>食材</u>就可以有很多种做法。人们经常提到的有八大菜系：鲁菜、川菜、粤菜、苏菜、湘菜、闽菜、徽菜和浙菜。这些菜系的形成和当地的自然条件、动植物品种和人文风情等因素是密不可分的。八大菜系当中以前四者最为有名。鲁菜味偏<u>浓重</u>，用料讲究，善于制作宫廷菜；川菜以麻辣鲜香著称；粤菜品种多，材料新鲜，

源远流长（yuányuǎn-liúcháng）：
〈成〉源が遠ければ流れも長くなる；〈喩〉歴史や伝統が長い。
享誉（xiǎngyù）：名がよく知られる。
食材（shícái）：食用品。

浓重（nóngzhòng）：匂いが濃厚である。

口味清淡；苏菜细腻，成甜适度，味兼南北。

　　传统的中国饮食重口味，讲究色、香、味、形、器俱佳。随着现代人对健康生活的追求，中国饮食也正在朝着健康化的方向发展。而且中国一直有"医食同源"的理论，也就是人们常说的"食疗"。在这样的文化背景下，近年来一些药膳饭店逐渐流行开来，人们也更加重视饮食与健康的关系。总之，中华饮食文化不仅历史悠久，而且充满了创新和发展的活力，不断满足着人们日益提高的饮食要求。

细腻(xìnì)：きめが細かくてなめらかである。

医食同源(yīshí-tóngyuán)：病気を治療するのものも日常の食事をするのも、ともに生命を養い健康を保つために欠くことが出来ないもので、源は同じだという考え。

食疗(shíliáo)：食事療法
药膳(yàoshàn)：薬膳。

想一想，聊一聊

(1) 中国哪些地方的菜非常有名？
(2) 介绍一下你所认为的健康饮食。
(3) 你喜欢做菜吗？你会做什么菜？
(4) 大家一起聊一聊中国菜和日本料理的区别。

第19课　欢迎你来我们家

> **课前热身**
> ☞ 你经常去别人家做客吗？
> ☞ 你觉得去别人家做客带什么礼物比较好？

一、生词和短语

1.	应邀	yìng yāo		招きに応じる	~参观；~访问；~拜访。
2.	不好意思	bù hǎoyìsi		すみません	~,麻烦你了。
3.	阿姨	āyí	名	おばさん	一位~；亲切的~。
4.	添	tiān	动	付け加える	~麻烦；~衣服；~一个人；~一个菜。
5.	礼物	lǐwù	名	プレゼント	一件/份~；准备~；生日~；珍贵的~。
6.	招待	zhāodài	动	もてなす	~客人；~员；~所。
7.	花生	huāshēng	名	ピーナッツ	吃~；剥~；一颗/粒~。
8.	瓜子	guāzǐ	名	スイカやカボチャなどの種をいったもの	嗑~；一颗/粒~。
9.	正中下怀	zhèngzhòngxiàhuái		まさに自分の考えとぴったり会う	听了您的话,真是~；正中……的下怀。

10. 特意	tèyì	副	わざわざ	～看望；～赠送；～告诉。
11. 资料	zīliào	名	資料、データ	看～；查～；丰富的～；报刊～；～室。
12. 吓	xià	动	驚かす	～人；～了一跳；～死了。
13. 禁忌	jìnjì	名	タブー	有～；很多～；注意～。
14. 比如	bǐrú	动	たとえば	我喜欢吃的中国菜有很多，～宫保鸡丁、古老肉等等。
15. 终	zhōng	动	（人が）死ぬ	送～；临～。
16. 长辈	zhǎngbèi	名	目の上の人、先輩	尊敬～；反义词：晚辈、小辈。
17. 丧事	sāngshì	名	葬式、葬儀	办～；安排～。
18. 意思	yìsi	名	意味	理解～；明白～；～很清楚。
19. 吉利	jílì	形	縁起がいい	～话；图～；～的日子；～的数字。
20. 伞	sǎn	名	傘	一把～；雨～；打～。
21. 散	sàn	动	ばらばらに散らばる	分～；拆～；～开。
22. 分开	fēnkāi	动	分かれる、分ける	人与人～；事物和事物～；分不开。
23. 分别	fēnbié	动	別れる	人与人～；暂时～；近义词：离别。
24. 作为	zuòwéi	动	…とする、…と見なす	要把它～一件大事来做；～学生，应该好好学习。
25. 看来	kànlái	动	見たところ…らしい	～今天的作业做不完了。

第19课　欢迎你来我们家

26. 差异	chāyì	名	差異、違い	有~；扩大~；很大的~。
27. 敬	jìng	动	（飲み物や品物を）うやうやしく差し上げる	~酒；~茶；~你一杯。
28. 拿手菜	náshǒucài	名	得意料理	这是我的~；拿手戏；拿手歌；拿手节目。
29. 告辞	gàocí	动	いとまごいをする	我~了；向主人~。
30. 这么	zhème	代	こんなに、このように	~冷；~长时间；~贵；~回事；~写；~说。
31. 留步	liú bù		お見送りには及びません	请~。
32. 礼貌	lǐmào	名	礼儀、マナー	有~；懂~；讲~；~的话；~的行为；很~。

二、课文一及练习

（星期天上午，渡边应邀到王峰家里做客，他在门口按响门铃。）

王　　峰：欢迎，欢迎！请进！

渡　　边：不好意思，打扰了。

王　　峰：渡边真不错，到中国才半年，说话快跟中国人一样了。

王峰妈妈：欢迎你来我们家玩儿。

渡　　边：阿姨，您好！您的家太漂亮了！

王峰妈妈：渡边，好好儿玩啊，就跟在自己家一样，千万别客气！

渡　　边：谢谢阿姨,给您添麻烦了。(拿出礼物)我给您带来一些日本茶叶,不知道您喜欢不喜欢?

王峰妈妈：哎呀,我最喜欢喝茶了!你太客气啦,来就来吧,还带什么礼物啊!谢谢你!谢谢你!我先去做饭了,王峰,你好好儿招待渡边啊。

王　　峰：来,渡边请坐!这里有花生、瓜子儿、水果,你爱吃什么就吃什么!你带的礼物正中我妈妈的下怀,她一定非常喜欢。

渡　　边：那太好了!我特意上网查了一些资料,因为担心礼物准备得不合适。

王　　峰：是吗?你可真有意思。跟我说说关于在中国送礼物你都知道些什么?

渡　　边：不查不知道,一查吓一跳。原来中国人送礼物是有很多禁忌的。比如,不能送钟,"钟"与"终"谐音,"送终"是安排长辈丧事的意思,所以"送钟"是不吉利的。另外,还不能送"伞",因为"伞"跟"散"谐音,"散"有"分开"或"分别"的意思。

王　　峰：你知道的真不少啊!如果我去日本,"钟"和"伞"可以作为礼物送给朋友吗?

渡　　边：可以啊,很多日本人喜欢送这两种礼物呢。

王　　峰：太有意思了。看来中日文化的差异还真不小呢!

（王峰妈妈准备好午饭,三人共进午餐。）

王峰妈妈：王峰,我们两个人先敬渡边一杯酒,(对渡边)欢迎你到我家来做客。干杯!

渡　　边：谢谢!干杯!

王峰妈妈：渡边,多吃点!别客气啊!

第19课 欢迎你来我们家

渡　　边：阿姨,您做的菜真好吃!

王　　峰：当然,这可都是我妈妈的拿手菜啊。

（午餐后,渡边准备告辞。）

渡　　边：阿姨,王峰,已经两点了,我该告辞了,打扰你们这么长时间了,真不好意思。

王　　峰：你太客气了,你能来我们真的很高兴,欢迎以后常来。

渡　　边：好的,好的,再见!

王　　峰：我送送你!

渡　　边：不用送了,请留步吧! 我们明天学校见!

(Xīngqītiān shàngwǔ, Dùbiān yìng yāo dào Wáng Fēng jiā lǐ zuò kè, tā zài ménkǒu ànxiǎng ménlíng.)

Wáng Fēng: Huānyíng, huānyíng! Qǐng jìn!
Dùbiān: Bù hǎoyìsi, dǎrǎo le.
Wáng Fēng: Dùbiān zhēn búcuò, dào Zhōngguó cái bàn nián, shuō huà kuài gēn Zhōngguórén yíyàng le.
Wáng Fēng māma: Huānyíng nǐ lái wǒmen jiā wánr.
Dùbiān: Āyí, nín hǎo! Nín de jiā tài piàoliang le!
Wáng Fēng māma: Dùbiān, hǎohāor wán a, jiù gēn zài zìjǐ jiā yíyàng, qiānwàn bié kèqi!
Dùbiān: Xièxie āyí, gěi nín tiān máfan le. (náchū lǐwù) Wǒ gěi nín dàilái yìxiē Rìběn cháyè, bù zhīdào nín xǐhuan bù xǐhuan?
Wáng Fēng māma: Āi ya, wǒ zuì xǐhuan hē chá le! Nǐ tài kèqi la, lái jiù lái ba, hái dài shénme lǐwù ā! Xièxie nǐ! Xièxie nǐ! Wǒ xiān qù zuò fàn le, Wáng Fēng, nǐ hǎohāor zhāodài Dùbiān a.
Wáng Fēng: Lái, Dùbiān qǐng zuò! Zhèlǐ yǒu huāshēng、

	guāzǐr、shuǐguǒ, nǐ ài chī shénme jiù chī shénme! nǐ dài de lǐwù zhèngzhòng wǒ māma de xiàhuái, tā yídìng fēicháng xǐhuan.
Dùbiān:	Nà tài hǎo le! wǒ tèyì shàng wǎng chále yìxiē zīliào, yīnwèi dān xīn lǐwù zhǔnbèi de bù héshì.
Wáng Fēng:	Shì ma? Nǐ kě zhēn yǒuyìsi. Gēn wǒ shuōshuo guānyú zài Zhōngguó sòng lǐwù nǐ dōu zhīdào xiē shénme?
Dùbiān:	Bù chá bù zhīdào, yì chá xià yítiào. Yuánlái Zhōngguórén sòng lǐwù shì yǒu hěn duō jìnjì de. Bǐrú, bù néng sòng zhōng, "zhōng" yǔ "zhōng" xiéyīn, "sòng zhōng" shì ānpái zhǎngbèi sāngshì de yìsi, suǒyǐ "sòng zhōng" shì bù jílì de. Lìngwài, hái bù néng sòng "sǎn", yīnwèi "sǎn" gēn "sàn" xiéyīn, "sàn" yǒu "fēnkāi" huò "fēnbié" de yìsi.
Wáng Fēng:	Nǐ zhīdào de zhēn bù shǎo a! Rúguǒ wǒ qù Rìběn, "zhōng" hé "sǎn" kěyǐ zuòwéi lǐwù sònggěi péngyou ma?
Dùbiān:	Kěyǐ a, hěn duō Rìběnrén xǐhuan sòng zhè liǎng zhǒng lǐwù ne.
Wáng Fēng:	Tài yǒuyìsi le. Kànlái Zhōng-Rì wénhuà de chāyì hái zhēn bù xiǎo ne!
(Wáng Fēng māma zhǔnbèi hǎo wǔfàn, sān rén gòng jìn wǔcān.)	
Wáng Fēng māma:	Wáng Fēng, wǒmen liǎng gè rén xiān jìng Dùbiān yì bēi jiǔ, (duì Dùbiān) huānyíng nǐ dào wǒ jiā lái zuò kè. Gān bēi!
Dùbiān:	Xièxie! Gān bēi!
Wáng Fēng māma:	Dùbiān, duō chī diǎn! Bié kèqi a!
Dùbiān:	Āyí, Nín zuò de cài zhēn hǎochī!
Wáng Fēng:	Dāngrán, zhè kě dōu shì wǒ māma de náshǒucài a.

第19课　欢迎你来我们家

(Wǔcān hòu, Dùbiān zhǔnbèi gàocí.)

Dùbiān: Āyí, Wáng Fēng, yǐjīng liǎng diǎn le, wǒ gāi gàocí le, dǎrǎo nǐmen zhème cháng shíjiān le, zhēn bù hǎoyìsi.

Wáng Fēng: Nǐ tài kèqi le, nǐ néng lái wǒmen zhēnde hěn gāoxìng, huānyíng yǐhòu cháng lái.

Dùbiān: Hǎo de, hǎo de, zàijiàn!

Wáng Fēng: Wǒ sòngsong nǐ!

Dùbiān: Bú yòng sòng le, qǐng liú bù ba! Wǒmen míngtiān xuéxiào jiàn!

课文一听说练习

听后根据录音复述并写出听到的句子

(1)
(2)
(3)
(4)
(5)
(6)
(7)
(8)
(9)

（10）

三、语言点及练习

（一）好好儿玩啊。

"好好儿"指努力或尽最大限度做某事，一般用在动词前。

「好好儿」は努力してまたは最大限の力（最善を）を尽くしてあるコトをすることをあらわします。普通は動詞の前に用います。

1. 听录音，仿照例子完成下面的句子

(1)　　你要　　　　　　　　　　学习汉语。
(2) (　　　　　　)　　　　　(　　　　　　)
(3) (　　　　　　)　　　　　(　　　　　　)
(4) (　　　　　　)　好好儿　(　　　　　　)
(5) (　　　　　　)　　　　　(　　　　　　)
(6) (　　　　　　)　　　　　(　　　　　　)

2. 任务练习

与你的同桌一起用"好好儿"说说你今后的打算。

我以前不好好儿吃饭，从现在开始我每天要好好儿吃饭；我的汉语水平不太高，我要好好儿学习汉语；……

（二）我特意上网查了一些资料，因为担心礼物准备得不合适。

"特意"指专门为某一目的或某一对象而做某事，强调说话人的主观意愿。

「特意」はもっぱらある目的のためにあるいはある対象のためにあるコトをすることをあらわし、話者の主観的願望を強調します。

第19课 欢迎你来我们家

1. **听录音,仿照例子完成下面的对话**

   (1) A: 你最近不是很忙吗,怎么还有时间来看我?

   　　B: 我是特意请假来看你的。

   (2) A: 你今天真漂亮啊!

   　　B: _____

   (3) A: 你的孩子怎么没来上学?

   　　B: _____

   (4) A: 这么多好吃的呀!

   　　B: _____

2. **任务练习**

   根据下面的情景,说说你会特意做什么。

情景	特意做什么
圣诞晚会	我会特意穿一件最漂亮的衣服
参加卡拉OK比赛	
参加好朋友的婚礼	
好朋友生病了	
第一次约会	
到国外旅行	

(三) **原来**中国人送礼物是有很多禁忌的。

　　"原来"在这里是副词(16课中已经出现了名词),表示发现真实的情况,可用在主语前或主语后。

　　「原来」はここでは副詞で(16課で名詞として出てきました)、本当の状況が現れたことをあらわします。

1. 听录音,仿照例子完成下面的句子

(1)　　我说是谁,　　　　　　　　　是你
(2) (　　　　　　)　　　　　　(　　　　　　)
(3) (　　　　　　)　　　　　　(　　　　　　)
(4) (　　　　　　)　　原来　　(　　　　　　)
(5) (　　　　　　)　　　　　　(　　　　　　)
(6) (　　　　　　)　　　　　　(　　　　　　)

2. 任务练习

学做小侦探:下面有些奇怪的事情发生,请你猜测原因。

奇怪的事情	可能的原因	真相
红红书包里突然多了一支漂亮的笔	她以为……	原来……
最近她经常接到不认识的人打来的电话		
最近他经常换新衣服		
最近爸爸特别高兴		
最近老师特别难过		

(四) 看来中日文化的差异还真不小呢!

"看来"指根据客观情况,做出估计或推测。可连接分句、句子或段落,后面可以有停顿。

「看来」は客観的な状況をもとに、見通しや推測をすることをあらわします。節や文または段落をつなげることができ、後ろにポーズをおくことがきます。

第19课 欢迎你来我们家

1. 听录音,仿照例子完成下面的句子

(1) 快下班了,工作才干了一半,　　　今天又要加班了。
(2) (　　　　　　　　　　)　　(　　　　　　　　　　)
(3) (　　　　　　　　　　)　　(　　　　　　　　　　)
(4) (　　　　　　　　　　) 看来 (　　　　　　　　　　)
(5) (　　　　　　　　　　)　　(　　　　　　　　　　)
(6) (　　　　　　　　　　)　　(　　　　　　　　　　)

2. 任务练习

小预言家:请根据如下例子,推测将会发生什么。

线索	推测
那个酒吧的人特别多	
他宿舍的灯没亮	
他很长时间没给我打电话	
他最近常去医院	
她今天穿得特别漂亮	
她哭得特别伤心	

四、课文二及练习

　　星期天上午,渡边到王峰家做客。渡边给王峰的妈妈带了一些日本的茶叶作为礼物,王峰妈妈很高兴地收下了。她让王峰陪渡边聊天,自己去厨房准备午饭。王峰跟渡边说,他带的礼物妈妈一定非常喜欢。渡边特意上网查了很多资料,了解了很多关于中国送礼物的禁忌,比如不能送钟,因为"钟"与"终"谐音,"送终"有安排长辈丧事的意思,所以"送钟"是不吉利的。另外,也不能送"伞",因为"伞"跟"散"谐音,"散"有

"分开"或"分别"的意思。王峰问渡边,在日本能不能送"钟"和"伞"。渡边说,很多日本人喜欢送这两种礼物。

　　王峰的妈妈准备好了午饭,三个人共进午餐。王峰的妈妈和王峰先敬了渡边一杯酒,欢迎他到家里做客。渡边表示感谢,并且说王峰妈妈做的菜非常好吃。

　　午餐后,渡边该告辞了,他有礼貌地说打扰王峰一家这么长时间,很不好意思。王峰说,渡边太客气了,他和妈妈都非常高兴渡边能到家里做客。

　　Xīngqītiān shàngwǔ, Dùbiān dào Wáng Fēng jiā zuò kè. Dùbiān gěi Wáng Fēng de māma dàile yìxiē Rìběn de cháyè zuòwéi lǐwù, Wáng Fēng māma hěn gāoxìng de shōuxià le. Tā ràng Wáng Fēng péi Dùbiān liáo tiān, zìjǐ qù chúfáng zhǔnbèi wǔfàn. Wáng Fēng gēn Dùbiān shuō, tā dàide lǐwù māma yídìng fēicháng xǐhuan. Dùbiān tèyì shàng wǎng chále hěn duō zīliào, liǎojiěle hěn duō guānyú Zhōngguó sòng lǐwù de jìnjì, bǐrú bù néng sòng zhōng, yīnwèi "zhōng" yǔ "zhōng" xiéyīn, "sòngzhōng" yǒu ānpái zhǎngbèi sāngshì de yìsi, suǒyǐ "sòng zhōng" shì bù jílì de. Lìngwài, yě bù néng sòng "sǎn", yīnwèi "sǎn" gēn "sàn" xiéyīn, "sàn" yǒu "fēnkāi" huò "fēnbié" de yìsi. Wáng Fēng wèn Dùbiān, zài Rìběn néngbunéng sòng "zhōng" hé "sǎn". Dùbiān shuō, hěn duō Rìběnrén xǐhuan sòng zhè liǎng zhǒng lǐwù.

　　Wáng Fēng de māma zhǔnbèi hǎole wǔfàn, sān gè rén gòng jìn wǔcān. Wáng Fēng de māma hé Wáng Fēng xiān jìngle Dùbiān yì bēi jiǔ, huānyíng tā dào jiā lǐ zuò kè. Dùbiān biǎoshì gǎnxiè, bìngqiě shuō Wáng Fēng māma zuò de cài fēicháng hǎochī.

　　Wǔcān hòu, Dùbiān gāi gàocí le, tā yǒu lǐmào de shuō dǎrǎo Wáng Fēng yì jiā zhème cháng shíjiān, hěn bù hǎoyìsi. Wáng Fēng shuō, Dùbiān tài kèqi le, tā hé māma dōu fēicháng gāoxìng Dùbiān néng dào jiā lǐ zuò kè.

第19课　欢迎你来我们家

> **课文二练习**

1. 先听一遍录音,然后填空

　　星期天上午,渡边到王峰家_____。渡边给王峰的妈妈_____了一些日本的茶叶作为礼物,王峰妈妈很高兴地_____了。她让王峰_____渡边聊天,自己去厨房_____午饭。王峰跟渡边说,他带的礼物妈妈一定非常喜欢。渡边特意上网_____了很多资料,了解了很多关于中国送礼物的_____,比如不能送钟,因为"钟"与"终"谐音,"送终"有安排长辈丧事的意思,所以"送钟"是不_____的。另外,也不能送"伞",因为"伞"跟"散"_____,"散"有"分开"或"分别"的意思。王峰问渡边,在日本能不能送"钟"和"伞"。渡边说,很多日本人喜欢送这两种礼物。

　　王峰的妈妈准备好了午饭,三个人共进午餐。王峰的妈妈和王峰先_____了渡边一杯酒,欢迎他到家里做客。渡边表示_____,并且说王峰妈妈做的菜非常好吃。

　　午餐后,渡边该_____了,他有礼貌地说打扰王峰一家这么长时间,很不好意思。王峰说,渡边太_____了,他和妈妈都非常高兴渡边能到家里做客。

2. 再听一遍录音,然后填表

听第一段录音,填写下面的表格。

人物	做什么	
渡边	带什么礼物	
	上网做什么	
王峰的妈妈		

听第二段录音,填写下面的表格。

王峰的妈妈和王峰说	
渡边说	

听第三段录音,填写下面的表格。

渡边说	
王峰说	

3. 连词成句

（1）礼物 一些 给 渡边 茶叶 妈妈 王峰 的 带 了 日本 的 作为

_____。

（2）午饭 去 自己 准备 厨房

_____。

（3）了 资料 上网 渡边 特意 查 多 很

_____。

4. 试着根据练习2的表格复述课文

第19课　欢迎你来我们家

五、综合练习

词汇练习

1. 组词（两个或三个）

   例：书　~本/图~/~店

   礼 _____　　　特 _____

   料 _____　　　音 _____

   送 _____　　　分 _____

   作 _____　　　表 _____

2. 词语搭配

   _____添　　招待_____　　资料_____

   _____敬　　差异_____　　禁忌_____

   _____喝　　喜欢_____　　准备_____

   _____送　　敬_____　　　欢迎_____

3. 选词填空

   | 招待　　吓　　吉利　　分别　　敬 |

   （1）我_____爸爸一杯。

   （2）我以为迟到了，可是进教室以后，一个人也没有，_____了我一跳。

   （3）听说在中国春节的时候不能说不_____的话。

(4) 我们 _____ 已经十年了，今天见面之后非常激动。

(5) 我今天要在家里 _____ 客人，不能跟你去逛街了。

4. 词语问答练习（回答时必须使用指定的词语）

(1) 什么时候应该说"不好意思"？

(2) 什么时候应该说"给您添麻烦了"？

(3) 你经常招待客人吗？

(4) 你喜欢在哪儿查你需要的资料？

(5) 说一件吓人的事。

(6) 在日本送礼物有哪些禁忌？

(7) 你知道用中文怎么说"吉利"话吗？

(8) 你认为中国和日本最大的差异是什么？

(9) 你有没有自己的拿手菜？

(10) 你遇到过没有礼貌的人吗？

5. 生词扩展

本课与做客有关的词汇有哪些？

你还知道其他与做客有关的词汇吗？

课堂活动

1. 查一查，找一找

全班同学分成几个小组，以中国文化中的禁忌为主题，查找相关资料，写出小报告，在班上进行交流。

提示：每个小组可以从下列主题中选择其一。

(1) 饮食禁忌　　(2) 结婚禁忌　　(3) 死亡禁忌

(4) 身体禁忌　　(5) 数字禁忌　　(6) 送礼禁忌

2. 选礼物

如果明天你的中国朋友要过生日,你想给他/她准备一份礼物。你和同学进行讨论,看看哪种礼物最好。

手机 钱包 自行车 钟 伞 糖 梨 西瓜 花
茶叶 衣服 漫画书 ……

3. 学唱歌曲《常回家看看》

六、文化掠影

中国人送礼物的禁忌

中国普遍有<u>好事成双</u>的说法,因而凡是大贺大喜的事,所送的礼,均喜欢"双"而禁忌"单",但"4"这个<u>偶数</u>除外,因为4听起来就像是"死",是不吉利的。另外,中国人还常常讲究给老人不能送钟表,给夫妻或情人不能送梨,给夫妻或恋人不能送伞,因为"送钟"与"送终","梨"与"离","伞"与"散"谐音,是不吉利的。在吃梨的时候,一般也不会切开分给别人,因为这代表着"分离"("分梨"的谐音),不太吉利。另外,一般也不能为健康人送药品,不能给异性朋友送贴身的用品等。去中国人家里做客,一般可以带一些水果,比如苹果、香

好事成双(hǎoshì-chéng shuāng):〈成〉いいことが重なる。
偶数(ǒushù):偶数。

蕉等等，当然也可以带一些有特色的礼品，能表示心意就可以了。中国人一般不当着客人的面打开礼品，<u>当面</u>打开会被认为是<u>贪心</u>，不礼貌。当然，现在不少中国人在外国客人面前往往会<u>尊重</u>国外的文化，会当面打开礼品，不至于使外国客人感觉不舒服。

当面(dāng miàn)：面と向かう。
贪心(tānxīn)：欲深い。
尊重(zūnzhòng)：尊重する。

想一想，聊一聊

（1）中国人送礼有什么禁忌？
（2）日本人送礼有什么禁忌？
（3）生日或节日时，你一般会送家人、朋友什么礼物？说说你选礼物的标准。

第20课　爱情有时候说不明白

课前热身

☞ 在你看来,生活中有没有永远不变的爱情?
☞ 在日本,人们找对象时一般比较看重什么?
☞ 你自己呢?你最看重的方面是什么?

一、生词和短语

1.	隐私	yǐnsī	名	プライバシー	~权;保护~;暴露~;侵犯~。
2.	追	zhuī	动	追い求める	~求;~女孩子;~上前面的人。
3.	猜	cāi	动	推測する	~谜语;~一~;~一下。
4.	聪明	cōngming	形	利口だ、頭がきれる	~的人;~的做法;很~。反义词:愚蠢。
5.	温柔	wēnróu	形	やさしくおとなしい	性情~;~的母亲;~的声音;~地说。
6.	玩笑	wánxiào	名	冗談	开~;一个~;~话。
7.	共同	gòngtóng	副	共通している(する)	~语言;~的思想;~的目标;~努力;~提高;~发展。

8. 兴趣	xìngqù	名	興味、関心	～广泛；(没)有～；产生～；培养～；浓厚的～。
9. 喜新厌旧	xǐxīn-yànjiù		新しいものを好み、古いものを嫌う	他这个人～；他是个～的人。
10. 嫌疑	xiányí	名	疑い、嫌疑、容疑	有盗窃～；～犯。
11. 安全感	ānquángǎn	名	安心感	(没)有～；需要～；产生～。
12. 强	qiáng	形	力が強い、能力が高い、程度が高い	很～；…比…～；她的水平更～一些。
13. 加倍	jiābèi	副	さらにいっそう	～努力；～赚钱；～爱护；～工作。
14. 赚	zhuàn	动	お金をもうける	～钱；～生活费；～学费。
15. 压力	yālì	名	プレッシャー	(没)有～；～很大；精神～；心理～；减轻～；增加～。
16. 看重	kànzhòng	动	重视する	～知识；～人才；～品德。反义词：看轻、轻视。
17. 流行	liúxíng	形	流行している	很～；～歌曲；～色；～病；～语；现在～紫色。
18. 举行	jǔxíng	动	挙行する、行う	～婚礼；～会议；～活动；～仪式。
19. 伴	bàn	名	連れ、伴侣、仲間、お供をする	语～；伙～；同～；旅～；舞～；～侣。

第20课　爱情有时候说不明白

20. 结婚	jié hūn		結婚する	她~了;他结了婚;马上~。
21. 挑来挑去	tiāolái tiāoqù		あれこれ選ぶ	她~,终于找到了合适的对象。
22. 对象	duìxiàng	名	結婚相手	找~;(没)有~;合适的~。
23. 反对	fǎnduì	动	反対する	~领导;~看法;~做法;反义词:赞成、同意。
24. 保守	bǎoshǒu	形	保守的だ	思想~;行为~;~主义;~派。
25. 未来	wèilái	名	未来	美好的~;光明的~;近义词:将来。
26. 成熟	chéngshú	形	(生物が)成熟する、(考えや条件が)まとまる	~的人;~的麦子;~的思想;~的产品。
27. 贺卡	hèkǎ	名	祝のカード	一张~;送~;寄~。
28. 表达	biǎodá	动	表現する、言いあらわす	~心意;~感情;~看法;~得很清楚。
29. 心意	xīnyì	名	相手に対する気持ち	一片~;一番~;表达~。
30. 对方	duìfāng	名	相手	了解~;关心~;帮助~。
31. 邀请	yāoqǐng	动/名	招く、招待する	~朋友;~老师;接受~;~信。

二、课文一及练习

（王峰和渡边饭后喝茶聊天。）

王　峰：渡边，我们认识这么久了，我还不知道你有没有女朋友呢。不知道这个问题是不是隐私？

渡　边：我们是好朋友，当然不是隐私了。我还没有女朋友，你呢？

王　峰：我也没有，不过，我最近正在追一个女孩儿。

渡　边：是吗？快跟我说说她是谁，我认识吗？

王　峰：你不认识，是我的一个同学。

渡　边：让我猜猜，她一定又聪明又漂亮。

王　峰：还很温柔呢。

渡　边：真的，什么时候让我见见。

王　峰：开个玩笑！不过，我听说日本的女孩子都很温柔，是吗？

渡　边：也不都是这样。不过我认为找女朋友的时候，有共同的兴趣是最重要的。

王　峰：我也同意。我喜欢的那个女孩子告诉我，"忠诚"是最重要的条件，你看我"忠诚"吗？

渡　边：这可很难说。我看你经常换手机，有"喜新厌旧"的嫌疑啊。

王　峰：去你的，手机怎么能跟女朋友相比呢？

渡　边：呵呵，开个玩笑！其实日本女孩儿也非常重视"忠诚"，可能忠诚会给女孩儿更多安全感吧。

王　峰：在中国，女孩子还会比较关心年龄、身高、学历等条件，大都喜欢找一个年龄比自己大一些的，身高比自

第20课　爱情有时候说不明白

己高的,学历呢,最好也比自己强一点。当然经济条件、家庭背景也很重要。所以我要加倍努力,找个好工作,赚多多的钱。

渡　　边:唉,男人的压力好大呀。不过,有意思的是,现在日本许多年轻人非常看重血型和星座。

王　　峰:是吗?这些也是中国最近的流行文化。对了,周末我姑姑要举行婚礼,你愿意来参加吗?

渡　　边:当然愿意了。能做你的语伴真是太好了!我不但可以学习汉语,而且还有很多机会了解中国文化。不过,我没听你说过你姑姑结婚的事啊。

王　　峰:唉,别提了。姑姑今年三十五了,早就应该结婚了,可挑来挑去,一直没找到合适的。这次终于决定结婚了,可是找的对象比她小五岁。开始我们家都反对,可是没办法,姑姑谁的话都不听,坚持要跟他结婚。

渡　　边:你也反对吗?

王　　峰:我当然没有那么保守啦。我未来的姑父经常到我家来,我发现姑父虽然年纪比姑姑小,但是各方面都比我姑姑成熟多了,许多事情都是他来出主意、想办法。所以我觉得男的比女的小也不是什么问题。

渡　　边:爱情有时候是说不明白的。哎,我该准备点什么礼物呢?

王　　峰:你每次都是这么客气!如果你要准备的话,带一张贺卡表达一下心意就行啦!

(Wáng Fēng hé Dùbiān fàn hòu hē chá liáo tiān.)

Wáng Fēng: Dùbiān, wǒmen rènshi zhème jiǔ le, wǒ hái bù zhīdào nǐ yǒu méiyǒu nǚpéngyou ne. Bù zhīdào zhège wèntí shìbushì yǐnsī?

Dùbiān: Wǒmen shì hǎo péngyou, dāngrán bú shì yǐnsī le. Wǒ hái méiyǒu nǚ péngyou, nǐ ne?

Wáng Fēng: Wǒ yě méiyǒu, búguò, wǒ zuìjìn zhèngzài zhuī yí gè nǚhái.

Dùbiān: Shì ma? Kuài gēn wǒ shuōshuo tā shì shuí, wǒ rènshi ma?

Wáng Fēng: Nǐ bú rènshi, shì wǒ de yí gè tóngxué.

Dùbiān: Ràng wǒ cāicai, tā yídìng yòu cōngmíng yòu piàoliang.

Wáng Fēng: Hái hěn wēnróu ne.

Dùbiān: Zhēn de, shénme shíhou ràng wǒ jiànjian.

Wáng Fēng: Kāi gè wánxiào! Búguò, wǒ tīngshuō Rìběn de nǚháizi dōu hěn wēnróu, shì ma?

Dùbiān: Yě bù dōu shì zhèyàng. Búguò wǒ rènwéi zhǎo nǚpéngyou de shíhou, yǒu gòngtóng de xìngqù shì zuì zhòngyào de.

Wáng Fēng: Wǒ yě tóngyì. Wǒ xǐhuan de nàge nǚháizi gàosu wǒ, "zhōngchéng" shì zuì zhòngyào de tiáojiàn, nǐ kàn wǒ "zhōngchéng" ma?

Dùbiān: Zhè kě hěn nán shuō. Wǒ kàn nǐ jīngcháng huàn shǒujī, yǒu "xǐxīn-yànjiù" de xiányí a.

Wáng Fēng: Qù nǐ de, shǒujī zěnme néng gēn nǚpéngyou xiāngbǐ ne?

Dùbiān: Hē hē, kāi gè wánxiào! Qíshí Rìběn nǚhái yě fēicháng zhòngshì "zhōngchéng", kěnéng zhōngchéng huì gěi nǚhái gèng duō ānquángǎn ba.

Wáng Fēng: Zài Zhōngguó, nǚháizi hái huì bǐjiào guānxīn niánlíng、shēngāo、xuélì děng tiáojiàn, dà dōu xǐhuan zhǎo yí gè niánlíng bǐ zìjǐ dà yīxiē de, shēngāo bǐ zìjǐ gāo de, xuélì ne, zuì hǎo yě bǐ zìjǐ qiáng yìdiǎn. Dāngrán jīngjì

第20课 爱情有时候说不明白

tiáojiàn、jiātíng bèijǐng yě hěn zhòngyào. Suǒyǐ wǒ yào jiābèi nǔlì, zhǎo gè hǎo gōngzuò, zhuàn duōduō de qián.

Dùbiān: Ài, nánrén de yālì hǎo dà ya. Búguò, yǒuyìsi de shì, xiànzài Rìběn xǔduō niánqīngrén fēicháng kànzhòng xuèxíng hé xīngzuò.

Wáng Fēng: Shì ma? Zhèxiē yě shì Zhōngguó zuìjìn de liúxíng wénhuà. Duì le, zhōumò wǒ gūgu yào jǔxíng hūnlǐ, nǐ yuànyì lái cānjiā ma?

Dùbiān: Dāngrán yuànyì le. Néng zuò nǐ de yǔbàn zhēn shì tài hǎo le! Wǒ búdàn kěyǐ xuéxí Hànyǔ, érqiě hái yǒu hěn duō jīhuì liǎojiě Zhōngguó wénhuà. Búguò, wǒ méi tīng nǐ shuōguò nǐ gūgu jié hūn de shì a.

Wáng Fēng: Ài, bié tí le. Gūgu jīn nián sānshíwǔ le, zǎo jiù yīnggāi jié hūn le, kě tiāolái tiāoqù, yìzhí méi zhǎo dào héshì de. Zhè cì zhōngyú juédìng jié hūn le, kěshì zhǎo de duìxiàng bǐ tā xiǎo wǔ suì. Kāishǐ wǒmen jiā dōu fǎnduì, kěshì méi bànfǎ, gūgu shuí de huà dōu bù tīng, jiānchí yào gēn tā jié hūn.

Dùbiān: Nǐ yě fǎnduì ma?

Wáng Fēng: Wǒ dāngrán méiyǒu nàme bǎoshǒu lā. Wǒ wèilái de gūfu jīngcháng dào wǒ jiā lái, wǒ fāxiàn gūfu suīrán niánjì bǐ gūgu xiǎo, dànshì gè fāngmiàn dōu bǐ wǒ gūgu chéngshú duō le, xǔduō shìqíng dōu shì tā lái chū zhǔyi、xiǎng bànfǎ. Suǒyǐ wǒ juéde nán de bǐ nǚ de xiǎo yě bú shì shénme wèntí.

Dùbiān: Àiqíng yǒushíhou shì shuō bù míngbai de. Āi, wǒ gāi zhǔnbèi diǎn shénme lǐwù ne?

Wáng Fēng: Nǐ měi cì dōu shì zhème kèqi! Rúguǒ nǐ yào zhǔnbèi dehuà, dài yì zhāng hèkǎ biǎodá yíxià xīnyì jiù xíng la!

中日桥汉语 准中级下

课文一听说练习

听后根据录音复述并写出听到的句子

(1)
(2)
(3)
(4)
(5)
(6)
(7)
(8)
(9)
(10)

三、语言点及练习

（一）她一定<u>又</u>聪明<u>又</u>漂亮。

　　"又"连接形容词或动词，表示两种性质、状态或动作行为同时存在。

　　「又」は形容詞や動詞をつなぎ、二つの性質の状態または動作が同時に存在していることをあらわします。

第20课　爱情有时候说不明白

1. 听录音,仿照例子完成下面的句子

(1)　　他的汉字写得　　　　　快　　　　　好
(2) (　　　　　　　)　　(　　　)　　(　　　)
(3) (　　　　　　　)　　(　　　)　　(　　　)
(4) (　　　　　　　) 又 (　　　) 又 (　　　)
(5) (　　　　　　　)　　(　　　)　　(　　　)
(6) (　　　　　　　)　　(　　　)　　(　　　)

2. 帮帮忙

下面是小明在生活中遇到的一些问题,请你给他一些建议,帮他解决问题。尝试用"又……又……"说明原因。

小明的问题	你的建议	为什么
想去旅行,不知道坐汽车还是坐火车		
想减肥,不知道运动好,还是吃药好		
要租房子,不知道住在学校附近好还是远一些好		

(二) 对了,周末我姑姑要举行婚礼,你愿意来参加吗?
　　　　"对了"表示忽然想起某事。
　　　　「対了」は、突然あるコトを思い出したことをあらわします。

1. 听录音,仿照例子完成下面的句子

(1) 好,现在下课吧。对了,把昨天的作业交给我。

(2) 明天大家一定要准时到。对了,　　　　　　　　。

（3）A：我们的晚会李老师也参加吧？

　　B：对了，＿＿＿＿＿＿＿。

（4）A：你什么时候去中国旅行？

　　B：我下个星期去。对了，＿＿＿＿＿＿＿。

2. 任务练习："对了"先生

小明经常说"对了"，因为他经常会忽然想起一些重要的信息，所以同学们都叫他"对了"先生，请你猜猜下面小明会说什么。

（1）朋友：你愿意参加我的生日晚会吗？
　　小明：当然愿意了。对了……

（2）老师：你的作业写完了吗？
　　小明：写完了。对了……

（3）（小明约好跟朋友一起吃晚饭）
　　妈妈：晚饭吃什么？
　　小明：吃饺子吧。对了……

（4）售货员：你觉得这件衣服合适吗？
　　小明：合适。
　　售货员：好，我帮您包起来，您到那边付钱。
　　小明：对了，……

（三）哎，别提了。姑姑今年三十五了，早就应该结婚了……

　　表示对方问到的情况自己觉得很糟糕，有时也表示不愿多谈。
　　相手の聞いてきた状況について自分ではまずいことになっていると考えていることをあらわします。あまり触れてほしくないことをあらわすこともあります。

第20课　爱情有时候说不明白

1. 听录音,仿照例子完成下面的对话

   (1) A：你那儿天气怎么样？

   　　B：别提了,每天都下雨。

   (2) A：你儿子学习怎么样？

   　　B：

   (3) A：你学习累不累？

   　　B：

   (4) A：你跟女朋友什么时候结婚？

   　　B：

   (5) A：你们那儿上网方便吗？

   　　B：

2. 任务练习：真倒霉

   　　两个人一组,A采访B,根据采访提纲问一些问题,B用"别提了"来回答。之后,两人一组进行表演。

   采访提纲：1. 学习情况　　2. 男朋友/女朋友　　3. 旅行
   　　　　　4. 玩儿　　　　5. 吃饭　　　　　　6. 身体

(四) 姑姑今年三十五了,早就应该结婚了,可挑来挑去,一直没找到合适的。

　　"V来V去"表示相同的动作重复多次。
　　「V来V去」は同じ動作が何度も繰り返し行われることをあらわします。

1. 听录音,仿照例子完成下面的句子

(1) 孩子们跑来跑去,很热闹。

(2) _____

(3) _____

(4) _____

2. 练习:想一想,用"V来V去"改写句子

(1) 大家讨论了很多次,还是没有决定去哪儿旅行。
(2) 妈妈想买一台新的电脑,经过多次比较,最后才买到自己满意的。
(3) 你整天忙,都干什么了?
(4) 你挑了这么长时间,怎么还没选中合适的礼物。

四、课文二及练习

　　王峰现在还没有女朋友,他正在追一个女孩儿,那个女孩儿是他的同学。王峰问渡边,日本的女孩是不是都很温柔。渡边回答说,不都是那样,他认为找女朋友有共同的兴趣最重要。王峰喜欢的那个女孩儿最重视男人是否忠诚,渡边开玩笑说,王峰经常换手机,好像是一个"喜新厌旧"的人。渡边说日本女孩子也非常重视忠诚,原因是忠诚会给女孩子更多的安全感。王峰谈到,中国的女孩比较关心年龄、身高、学历等条件,另外,也关心对方的经济条件、家庭背景等。他还说自己要加倍努力,找个好工作,多赚一些钱。渡边听了王峰的介绍觉得男人的压力很大。

　　周末王峰的姑姑要举行婚礼,王峰邀请渡边也去参加。

第20课 爱情有时候说不明白

王峰的姑姑今年三十五岁,早就应该结婚,可是挑来挑去,一直没找到合适的对象。这次终于决定结婚了,可是找的对象比她小五岁。开始他们家都反对,可是她谁的话都不听,坚持要跟那个人结婚。渡边问王峰是不是也反对,王峰说他没有那么保守,他觉得男的比女的小不是什么问题。渡边也觉得,爱情有时候是说不明白的。他问王峰,去参加婚礼时应该准备什么礼物。王峰让他准备一张贺卡,表达一下心意就行了。

Wáng Fēng xiànzài hái méiyǒu nǚpéngyou, tā zhèngzài zhuī yí gè nǚháir, nàge nǚháir shì tā de tóngxué. Wáng Fēng wèn Dùbiān, Rìběn de nǚhái shìbushì dōu hěn wēnróu. Dùbiān huídá shuō, bù dōu shì nàyàng, tā rènwéi zhǎo nǚpéngyou yǒu gòngtóng de xìngqù zuì zhòngyào. Wáng Fēng xǐhuan de nàge nǚhái zuì zhòngshì nánrén shì fǒu zhōngchéng, Dùbiān kāi wánxiào shuō, Wáng Fēng jīngcháng huàn shǒujī, hǎoxiàng shì yí gè "xǐxīn-yànjiù" de rén. Dùbiān shuō Rìběn nǚháizi yě fēicháng zhòngshì zhōngchéng, yuányīn shì zhōngchéng huì gěi nǚháizi gèng duō de ānquángǎn. Wáng Fēng tándào, Zhōngguó de nǚhái bǐjiào guānxīn niánlíng、shēngāo、xuélì děng tiáojiàn, lìngwài, yě guānxīn duìfāng de jīngjì tiáojiàn、jiātíng bèijǐng děng. Tā hái shuō zìjǐ yào jiābèi nǔlì, zhǎo gè hǎo gōngzuò, duō zhuàn yìxiē qián. Dùbiān tīngle Wáng Fēng de jièshào juéde nánrén de yālì hěn dà.

Zhōumò Wáng Fēng de gūgu yào jǔxíng hūnlǐ, Wáng Fēng yāoqǐng Dùbiān yě qù cānjiā. Wáng Fēng de gūgu jīnnián sānshíwǔ suì, zǎo jiù yīnggāi jié hūn, kěshì tiāolái tiāoqù, yìzhí méi zhǎodào héshì de duìxiàng. Zhè cì zhōngyú juédìng jié hūn le, kěshì zhǎo de duìxiàng bǐ tā xiǎo wǔ suì. Kāishǐ tāmen jiā dōu fǎnduì, kěshì tā shuí de huà dōu bù tīng, jiānchí yào gēn nàge rén jié hūn. Dùbiān wèn Wáng Fēng shìbushì yě fǎnduì, Wáng Fēng shuō tā méiyǒu nàme bǎoshǒu, tā juéde nánde bǐ nǚde xiǎo bú shì shénme wèntí. Dùbiān yě juéde, àiqíng yǒushíhou shì shuō bù míngbai de. Tā wèn Wáng

Fēng, qù cānjiā hūnlǐ shí yīnggāi zhǔnbèi shénme lǐwù. Wáng Fēng ràng tā zhǔnbèi yì zhāng hèkǎ, biǎodá yíxià xīnyì jiù xíng le.

课文二练习

1. 先听一遍录音，然后填空

王峰现在还没有女朋友，他正在_____一个女孩儿，那个女孩儿是他的同学。王峰问渡边，日本的女孩是不是都很_____。渡边回答说，不都是那样，他认为找女朋友有共同的_____最重要。王峰喜欢的那个女孩儿最重视男人是否_____，渡边开玩笑说，王峰经常_____手机，好像是一个"喜新厌旧"的人。渡边说日本女孩子也非常重视忠诚，原因是忠诚会给女孩子更多的_____。王峰谈到，中国的女孩比较_____年龄、身高、学历等条件，另外，也关心对方的经济条件、家庭背景等。他还说自己要加倍努力，找个好工作，多_____一些钱。渡边听了王峰的介绍觉得男人的_____很大。

周末王峰的姑姑要_____婚礼，王峰邀请渡边也去参加。王峰的姑姑今年三十五岁，早就应该结婚，可是_____，一直没找到合适的对象。这次终于_____结婚了，可是找的对象比她小五岁。开始他们家都_____，可是她谁的话都不听，_____要跟那个人结婚。渡边问王峰是不是也反对，王峰说他没有那么_____，他觉得男的比女的小不是什么_____。渡边也觉得，爱情有时候是说

第20课　爱情有时候说不明白

不_____的。他问王峰，去参加婚礼时应该准备什么礼物。王峰让他准备一张_____，表达一下心意就行了。

2. 再听一遍录音，然后填表

听第一段录音，填写下面的表格

中国的女孩儿找对象的条件	
日本的女孩儿找对象的条件	

听第二段录音，填写下面的表格。

王峰姑姑的年龄	
王峰姑父的年龄	
为什么很多人反对王峰的姑姑跟那个男人结婚	
王峰的意见	

3. 连词成句

(1) 重要　女朋友　他　找　兴趣　认为　有　的　最　共同

_____。

(2) 比　他　是　男的　女的　小　不　问题　觉得　什么

_____。

(3) 明白　爱情　说　不　是　的　有时候

_____。

4. 试着根据练习2的表格复述课文

五、综合练习

词汇练习

1. 组词（两个或三个）

例：书　～本/图～/～店

明＿＿＿＿＿＿＿＿＿＿　　温＿＿＿＿＿＿＿＿＿＿

兴＿＿＿＿＿＿＿＿＿＿　　力＿＿＿＿＿＿＿＿＿＿

行＿＿＿＿＿＿＿＿＿＿　　对＿＿＿＿＿＿＿＿＿＿

2. 词语搭配

隐私＿＿＿＿＿　　玩笑＿＿＿＿＿　　邀请＿＿＿＿＿

压力＿＿＿＿＿　　反对＿＿＿＿＿　　表达＿＿＿＿＿

追　＿＿＿＿＿　　猜　＿＿＿＿＿　　找　＿＿＿＿＿

开　＿＿＿＿＿　　换　＿＿＿＿＿　　赚　＿＿＿＿＿

3. 选词填空

　　　看重　　加倍　　保守　　赚　　追　　猜

(1) 你能＿＿＿＿＿出我是谁吗？

(2) 听说医生能＿＿＿＿＿很多钱。

(3) 他最近在＿＿＿＿＿一个女孩儿，每天回家很晚。

第20课　爱情有时候说不明白

(4) 我的汉语水平不高，今后要_____努力。

(5) 那个女孩儿非常_____外貌。

(6) 爸爸、妈妈比较_____，让我大学毕业后就要结婚。

4. 词语问答练习（回答时必须使用指定的词语）

(1) 对你来说，什么是隐私？

(2) 你的妈妈温柔不温柔？

(3) 你是喜新厌旧的人吗？

(4) 你的同学谁爱开玩笑，开过什么玩笑？

(5) 你觉得什么时候没有安全感？

(6) 什么工作赚钱最多？

(7) 你现在的压力大吗？

(8) 你找对象时看重什么？

(9) 日本人一般多大年纪结婚？

(10) 你是保守的人吗？

5. 生词扩展

本课与结婚有关的词汇有哪些？

你还知道其他与结婚有关的词汇吗？

> 课堂活动

1. 辩论

辩题：中学时代应该谈恋爱吗？

正方：中学时代应该谈恋爱

反方：中学时代不应该谈恋爱

提示词语： 忠诚　　喜新厌旧　　朋友　　追　　条件
　　　　　　赚钱　　保守　　　　成熟

2. 小调查

请你制作一个调查问卷。

调查问卷可以包括下面一些调查的项目：
血型　　　星座　　　性格　　　爱好　　　对爱情的看法
对幸福的理解　　　对流行文化的认识　　婚姻观

试着找一些规律，比如血型为A型的人有哪些特点，星座为水瓶座的人有哪些特点。根据你的调查结果做一个分析报告，与班上其他同学交流。

3. 表演

请以小组为单位，根据课文的内容，发挥自己的想象，分角色表演。其中一个同学饰演姑姑，一个同学饰演姑姑的对象，一个饰演王峰的奶奶，一个饰演王峰。

场景：姑姑带着她的对象第一次到奶奶家

4. 歌曲欣赏

欣赏歌曲《爱情三十六计》

六、文化掠影

汉语和日语中的"爱情"

日本人所说的"爱情"范围大，中国人所说的"爱情"范围小。如果用绿绿的草地来比汉语和日语中的"爱情"的话，那么中国人所说的"爱情"是足球场，日本人所说的"爱情"是高

范围（fànwéi）：範囲。

第20课　爱情有时候说不明白

尔夫球场。由此看来,日本人与中国人对于"爱情"所指的对象的不同也就<u>可想而知</u>了。

日本人把对植物、动物甚至大自然的爱都称为"爱情",也把所有的人与人之间的爱称为"爱情",比如父母对孩子,老师对学生。这与中国人对"爱情"的看法<u>明显</u>不同。中国人所说的"爱情"就是指对恋爱或结婚的对象的感情。

中国人从来不会用"爱情"这个词来表达对其他人和其他事物的爱。所以,中国人把结婚后的对象称为"<u>爱人</u>"。同是"爱人"一词,日本人的用法恰恰相反:非结婚的恋爱对象才是"爱人"。日本人的"爱人"概念,类似于中国人的"<u>情人</u>"。

汉字是从中国传入日本的。至于"爱情"一词是何时出现的,是词汇学家的<u>课题</u>。然而,时至今日,对于"爱情"这个词,中国人与日本人的用法却是不同的。

——改编自张培华的《中日"爱情"》,
　　　新民晚报2009年8月9日

可想而知(kěxiǎng'érzhī):〈成〉推して知るべし。

明显(míngxiǎn):明らかである。

爱人(àiren)1.配偶者。2.恋人。

情人(qíngrén)爱人;恋人。

课题(kètí):テーマ。

想一想，聊一聊

（1）汉语与日语中的"爱情"有什么不同？

（2）你还知道哪些中日同形词在中文、日语里意思不同？

（3）你相信生活中有永远的爱情吗？说说你的看法。

第21课　我们的好伙伴儿

课前热身

☞ 你喜欢动物吗？最喜欢的动物是什么？
☞ 你养宠物吗？是什么动物？
☞ 你觉得养宠物有什么好处和坏处？

一、生词和短语

1. 宠物	chǒngwù	名	ペット	养～；可爱的～。
2. 数量	shùliàng	名	数量	～大；～小；～多；～少。
3. 人类	rénlèi	名	人、人類	～文明；～社会；关心～。
4. 享受	xiǎngshòu	动	享受する	～音乐；～美食；～时光；～爱情；～美景。
5. 以往	yǐwǎng	名	以前、過去	他的表现和～不大一样。
6. 关爱	guān'ài	动	関心を寄せて、大切にする	～儿童；～动物；社会的～；每个人都需要～。
7. 养	yǎng	动	生活の面倒をみる、養う	～宠物；～花儿；～孩子；～身体。

8. 软	ruǎn	形	柔らかい	～座；～卧；～件；很～；反义词：硬。
9. 圆	yuán	形	まるい	～脸；～脑袋；～桌；～球；～珠笔；画一个～。
10. 可爱	kě'ài	形	かわいい	～的孩子；～的动物；～的玩具；～的样子。
11. 大概	dàgài	副	たぶん…だろう、おそらく…だろう	他～不会来了；今天～不会下雨。
12. 关系	guānxì	名	関係	（没）有～；～（不）好；～近/远；～密切；～亲密。
13. 开朗	kāilǎng	形	（考え方や性格が）明るい	～的人；～的性格；～的笑容；～的表情。
14. 乐于	lèyú	动	喜んで…する、…するのを楽しむ	～助人；～运动；～参加活动。
15. 交往	jiāowǎng	动	行き来する、交際する	自由～；经常～；～很少；～频繁。
16. 事业	shìyè	名	事業	科学～；艺术～；搞～；干～；追求～；～心。
17. 充满	chōngmǎn	动	満たす、満ちる	～爱心；～信心；～力量。

第21课　我们的好伙伴儿

18. 产生	chǎnshēng	动	生み出す、現れる	～影响；～作用；～看法；～心理；～效果；～问题。
19. 影响	yǐngxiǎng	名	影響	很大的～；深刻的～；重要的～；有～；产生～。
20. 懒洋洋	lǎnyángyáng	形	だらけてしまらない	～的样子；～地躺着；～地坐着。
21. 个性	gèxìng	名	個性、特性	有～；追求～；表现～；～强；～化。
22. 白日梦	báirìmèng	名	白昼夢	做～；一场～。
23. 打扮	dǎban	动	装う、身ごしらえをする	～自己；～孩子；～城市；～得很时髦。
24. 管	guǎn	动	…を…(と呼ぶ)	大家～他叫老王。中国人～家里养的动物叫宠物。
25. 缓解	huǎnjiě	动	(程度が)軽くなる、緩和する	～压力；～病情；～情绪。
26. 怪不得	guàibude	副	道理で	～她的汉语这么好，原来她在中国很多年了。
27. 与众不同	yǔzhòng-bùtóng		人と違う、独特である	很多年轻人喜欢～；～的打扮；～的想法。
28. 流浪	liúlàng	动	流浪する	～远方；～汉；～者；～动物；到处～。

29. 爱护	àihù	动	大切に守る	～孩子；～眼睛；～家庭。
30. 主要	zhǔyào	形	最重要の、決定的な主な	～问题；～内容；～人物；反义词：次要。
31. 责任心	zérènxīn	名	責任感	（没）有～；～很强；社会～；近义词：责任感。
32. 可怜	kělián	形	かわいそうだ	～的孩子；非常～。
33. 招呼	zhāohu	名/动	呼ぶ、呼びかける	～大家；～朋友。
34. 增多	zēngduō	动	増す、増やす	学生～；数量～；问题～。反义词：减少。

二、课文一及练习

（渡边来到王峰宿舍，王峰正在上网。）

王　　峰：快来，渡边，我在网上看到一篇特别有意思的文章，是介绍日本宠物的。

渡　　边：是吗？说什么了？

王　　峰：你看，网上说"日本有大约1100万只宠物狗，狗的数量与12岁以下儿童的数量之比为10:1。作为人类最好朋友的狗享受着以往孩子们才能享受到的父母的关爱"。真是这样吗？

渡　　边：这个情况我也是第一次听说。不过，在日本养宠物的人确实越来越多了。而且日本人最喜欢养狗。我们家就养了一只，它叫"巧克力"，毛软软的、白白的，眼

第21课　我们的好伙伴儿

睛又大又圆,特别可爱,也特别聪明。

王　　峰:在中国,养宠物也越来越流行了。很多人养狗,也有很多人养猫、养鸟。不过,狗是人们最喜欢的宠物。

渡　　边:是啊,大概是因为狗比较忠诚而且有责任感吧。我还听说养什么宠物跟人的性格、心理有关系,养狗会让人变得性格开朗,乐于与人交往,有事业心和责任感,充满爱心。这样对健康也会产生好的影响。

王　　峰:这么说来,养猫的人也会像猫一样有懒洋洋的个性,爱做白日梦,喜欢打扮吗?

渡　　边:那可不一定!很多养猫的人也非常有事业心和责任感。对了,上次去你家没有发现你养宠物啊。

王　　峰:对,我们家没有。但我奶奶家养了一只狗,她是奶奶最好的伴儿,奶奶管它叫"我的小孙子",你说多有意思啊。

渡　　边:我现在不在日本,我们家的"巧克力"也是爸爸妈妈最好的朋友。你知道,日本人的工作压力特别大,许多人养狗也是想缓解工作压力。

王　　峰:怪不得养宠物越来越流行,原来有这么多好处啊。你看到了吗?在中国,宠物商店、宠物医院也越来越多,都形成一种"宠物经济"了。

渡　　边:在日本,还有人带着宠物去泡温泉呢。

王　　峰:是吗?真够特别的。我身边也有一些朋友想与众不同,养一些特别的宠物,比如乌龟呀、蛇呀、蜥蜴呀什么的。

渡　　边:那肯定大部分都是那些有个性的90后了。我发现咱们学校的同学也都特别好心,总是有人在喂学校里的

流浪猫。

王　　峰：咱们学校的学生里还有"爱护小动物协会"呢！不过现在那么多流浪动物也成了社会问题了，主要是因为有些宠物主人太没有责任心，想养就养，不想养就扔。

渡　　边：这么做真的不太好。你看这些流浪猫多可怜呀。学生放假了，它们就只能饿肚子了。哎呀，我们谈了这么长时间的宠物，我都有点想我们家的"巧克力"了。

王　　峰：这还不容易吗？你今天就通过视频跟它打个招呼吧。

渡　　边：我怎么没想到呢，好主意！

(Dùbiān láidào Wáng Fēng sùshè, Wáng Fēng zhèngzài shàng wǎng.)

Wáng Fēng: Kuài lái, Dùbiān, wǒ zài wǎngshàng kàndào yì piān tèbié yǒuyìsi de wénzhāng, shì jièshào Rìběn chǒngwù de.

Dùbiān: Shì ma? Shuō shénme le?

Wáng Fēng: Nǐ kàn, wǎngshàng shuō "Rìběn yǒu dàyuē yìqiān yìbǎi wàn zhī chǒngwù gǒu, gǒu de shùliàng yǔ shí'èr suì yǐxià értóng de shùliàng zhī bǐ wéi shí bǐ yī. Zuòwéi rénlèi zuì hǎo péngyou de gǒu xiǎngshòuzhe yǐwǎng háizimen cáinéng xiǎngshòu dào de fùmǔ de guān'ài". Zhēn shì zhèyàng ma?

Dùbiān: Zhège qíngkuàng wǒ yě shì dì-yī cì tīngshuō. Búguò, zài Rìběn yǎng chǒngwù de rén quèshí yuèláiyuè duō le. Érqiě Rìběnrén zuì xǐhuan yǎng gǒu. Wǒmen jiā jiù yǎngle yì zhī, tā jiào "Qiǎokèlì", máo ruǎnruǎn de、báibái de, yǎnjing yòu dà yòu yuán, tè bié kě'ài, yě tèbié cōngmíng.

Wáng Fēng: Zài Zhōngguó, yǎng chǒngwù yě yuèláiyuè liúxíng le. Hěn duō rén yǎng gǒu, yě yǒu hěn duō rén

第21课 我们的好伙伴儿

yǎng māo、yǎng niǎo. Búguò, gǒu shì rénmen zuì xǐhuan de chǒngwù.

Dùbiān: Shì a, dàgài shì yīnwèi gǒu bǐjiào zhōngchéng érqiě yǒu zérèngǎn ba. Wǒ hái tīngshuō yǎng shénme chǒngwù gēn rén de xìnggé、xīnlǐ yǒu guānxi, yǎng gǒu huì ràng rén biànde xìnggé kāilǎng, lèyú yǔ rén jiāowǎng, yǒu shìyèxīn hé zérèngǎn, chōngmǎn àixīn. Zhèyàng duì jiànkāng yě huì chǎnshēng hǎo de yǐngxiǎng.

Wáng Fēng: Zhème shuō lái, yǎng māo de rén yě huì xiàng māo yíyàng yǒu lǎnyángyáng de gèxìng, ài zuò báirìmèng, xǐhuan dǎbàn ma?

Dùbiān: Nà kě bùyídìng! Hěn duō yǎng māo de rén yě fēicháng yǒu shìyèxīn hé zérèngǎn. duì le, shàng cì qù nǐ jiā méiyǒu fāxiàn nǐ yǎng chǒngwù a.

Wáng Fēng: Duì, wǒmen jiā méiyǒu. Dàn wǒ nǎinai jiā yǎngle yì zhī gǒu, tā shì nǎinai zuì hǎo de bànr, nǎinai guǎn tā jiào "wǒ de xiǎo sūnzi", nǐ shuō duō yǒuyìsi a.

Dùbiān: Wǒ xiànzài bú zài Rìběn, wǒmen jiā de "Qiǎokèlì" yě shì bàba māma zuì hǎo de péngyou. Nǐ zhīdào, Rìběnrén de gōngzuò yālì tèbié dà, xǔduō rén yǎng gǒu yě shì xiǎng huǎnjiě gōngzuò yālì.

Wáng Fēng: Guàibudé yǎng chǒngwù yuèláiyuè liúxíng, yuánlái yǒu zhème duō hǎochù a. Nǐ kàndàole ma? Zài Zhōngguó, chǒngwù shāngdiàn、chǒngwù yīyuàn yě yuèláiyuè duō, dōu xíngchéng yì zhǒng "chǒngwù jīngjì" le.

Dùbiān: Zài Rìběn, hái yǒu rén dàizhe chǒngwù qù pào wēnquán ne.

Wáng Fēng: Shì ma? Zhēn gòu tèbié de. Wǒ shēnbiān yě yǒu yìxiē péngyou xiǎng yǔzhòng-bùtóng, yǎng yìxiē tèbié de chǒngwù, bǐrú wūguī ya、shé ya、xīyì ya shénme de.

Dùbiān: Nà kěndìng dàbùfen dōu shì nàxiē yǒu gèxìng de Jiǔlínghòu le. Wǒ fāxiàn zánmen xuéxiào de tóngxué yě dōu tèbié hǎoxīn, zǒngshì yǒu rén zài wèi xuéxiào lǐ de liúlàngmāo.

Wáng Fēng: Zánmen xuéxiào de xuésheng lǐ hái yǒu "Àihù Xiǎo dòngwù Xiéhuì" ne! Búguò xiànzài nàme duō liúlàng dòngwù yě chéngle shèhuì wèntí le, zhǔyào shì yīnwèi yǒuxiē chǒngwù zhǔrén tài méiyǒu zérènxīn, xiǎng yǎng jiù yǎng, bù xiǎng yǎng jiù rēng.

Dùbiān: Zhème zuò zhēnde bú tài hǎo. Nǐ kàn zhè xiē liúlàngmāo duō kělián ya. Xuéshēng fàng jià le, tāmen jiù zhǐ néng è dùzi le. Āiya, wǒmen tánle zhème cháng shíjiān de chǒngwù, wǒ dōu yǒudiǎn xiǎng wǒmen jiā de "Qiǎokèlì" le.

Wáng Fēng: Zhè hái bù róngyì ma? Nǐ jīntiān jiù tōngguò shìpín gēn tā dǎ gè zhāohu ba.

Dùbiān: Wǒ zěnme méi xiǎngdào ne, hǎo zhúyi!

课文一听说练习

听后根据录音复述并写出听到的句子

(1)

(2)

(3)

(4)

(5)

(6) _____

(7) _____

(8) _____

(9) _____

(10) _____

三、语言点及练习

（一）在日本养宠物的人确实<u>越来越</u>多了。

表示程度随着时间而加深，后面常接形容词或表示心理状态的动词。

時間の経過と共に程度が深まることをあらわします。後ろにはよく形容詞または心理状態を表す動詞が続きます。

1. 听录音，仿照例子完成下面的句子

(1) 如果由于某种机会对汉字产生了兴趣，就会越来越喜欢。

(2) 天气 _____

(3) 她 _____

(4) 这儿的东西 _____

2. 根据图表写句子

根据图表,用"越来越"说说小明的变化。

	五年前	两年前	现在
个子	1.5m	1.7m	1.8m
体重	45kg	60kg	80kg
认识的汉字	10个	500个	1000个
用的手机	1000元/个	2000元/个	3000元/个
上网的时间	2个小时/天	4个小时/天	8个小时/天
看电视	有点不喜欢	不喜欢	很不喜欢

(1) 小明的个子_____。

(2) 小明_____。

(3) 小明认识的汉字_____。

(4) 小明用的手机_____。

(5) 小明上网的时间_____。

(6) 小明_____看电视。

(二) 它叫"巧克力",毛软软的、白白的。

　　形容词重叠表示程度深或加强,有时有喜爱的色彩。(1)单音节重叠式:A→AA的,如"高"→"高高的"。(2)双音节重叠式:AB→AABB(的),如"干净"→"干干净净(的)"。

　　形容詞の重ね型は程度の深まりあるいは生き生きとした描写を表します。好ましいという傾向をもつこともあります。(1)単音節の重ね型では、A→AA的、例えば、「高」→「高高的」(2)二音節の重ね型では、AB→AABB(的),例えば「干净」→「干干净净(的)」となります。

第21课　我们的好伙伴儿

1. 听录音,仿照例子完成下面的句子

　　(1) 她的头发长长的,眼睛大大的。

　　(2) 他的个子 _____

　　(3) 他的房间 _____

　　(4) 这个沙发 _____ ,非常舒服。

2. 任务练习:我心中的偶像

　　用下面所给出的形容词,描写一个美女或帅哥。

　　提示:个子 _____　　眼睛 _____　　眉毛 _____

　　　　　头发 _____　　鼻子 _____　　嘴 _____

　　　　　嘴唇 _____　　皮肤 _____

(三) **怪不得**养宠物越来越流行,原来有这么多好处啊。
　　　表示明白了事情的原因,不再觉得奇怪,常用于口语。
　　　事柄の原因がわかってもうおかしいと思わないことをあらわします。口語で常用されます。

1. 听录音,仿照例子完成下面的句子

　　(1) 怪不得我最近没看到她,原来她去旅行了。

　　(2) 怪不得 _____ ,原来他在中国学了七年。

　　(3) 我忘了关窗子,怪不得 _____ 。

　　(4) 这部电影真好看,怪不得 _____ !

2. 任务练习

选择A、B中合适的句子，用"怪不得"连成一句话。

A	B
他有一个好辅导	他今天开会一句话没说
他病了	他考试考得这么好
今天是周末	我找了半天也没找到他
他去看电影了	商店里人这么多
又刮风又下雪	他这么高兴
他儿子考上了北京大学	天气这么冷

（四）我发现咱们学校的同学也都特别好心，<u>总是</u>有人在喂学校里的流浪猫。

"总是"表示一直或经常如此，几乎没有例外。

「総是」はずっとあるいはいつもこうであり、ほど（ほぼ）例外はないということをあらわします。

1. 听录音，仿照例子完成下面的句子

（1）出国以后，他总是想家。

（2）他总是＿＿＿＿＿＿＿＿，好像没有什么烦恼。

（3）他总是喜欢＿＿＿＿＿＿＿＿，生活习惯非常好。

（4）这些天奶奶＿＿＿＿＿＿＿＿，应该去看医生了。

2. 任务练习：找朋友

A、B两个人，他们的生活习惯和想法都不相同，跟你的同学一起讨论，说说你喜欢跟谁交朋友。

第21课　我们的好伙伴儿

A	B
总是喜欢早睡早起	总是喜欢晚睡晚起
总是喜欢跟朋友出去玩	总是喜欢一个人待在家里
总是想说出自己的看法	总是想听别人说话
总是喜欢打电话	总是喜欢上网
周末总是出去喝酒	周末总是在家里玩游戏

四、课文二及练习

　　王峰向渡边了解日本人养宠物的情况。渡边说,日本养宠物的人越来越多,而且日本人最喜欢养狗。王峰说,在中国养宠物也越来越流行,很多人养狗、养猫、养鸟,其中狗是人们最喜欢的宠物。渡边觉得,人们喜欢养狗,可能是因为狗比较忠诚、聪明、有责任感,他还听说养宠物会对人的性格、心理产生影响,比如养狗会让人变得性格开朗,乐于与人交往,有事业心和责任感,充满爱心。王峰开玩笑地问渡边,养猫的人是不是也会像猫一样有懒洋洋的个性,爱做白日梦,喜欢打扮。渡边说那可不一定。

　　王峰奶奶养了一只狗,它是奶奶最好的伴儿,是奶奶的"小孙子"。渡边家的狗也是爸爸、妈妈最好的朋友。日本人的工作压力特别大,许多人养狗是想缓解工作压力。在中国,宠物商店、宠物医院越来越多;在日本,还有人带着宠物去泡温泉,而且听说特别贵。王峰有一些朋友想与众不同,养一些特别的宠物,也有很多同学经常喂学校里的流浪猫。他认为现在流浪动物增多,已经成了一个社会问题,主要是因为有些宠物主人太没有责任心,想养就养,不想养就扔。渡边也觉得那么做不太好,那些流浪猫非常可怜,学生一放假,它们就只能饿肚子了。

他们谈了很长时间的宠物，渡边有点想他家的狗"巧克力"了。王峰建议他通过视频跟"巧克力"打个招呼。

Wáng Fēng xiàng Dùbiān liǎojiě Rìběnrén yǎng chǒngwù de qíngkuàng. Dùbiān shuō, Rìběn yǎng chǒngwù de rén yuèláiyuè duō, érqiě Rìběnrén zuì xǐhuan yǎng gǒu. Wáng Fēng shuō, zài Zhōngguó yǎng chǒngwù yě yuèláiyuè liúxíng, hěn duō rén yǎng gǒu、yǎng māo、yǎng niǎo, qízhōng gǒu shì rénmen zuì xǐhuan de chǒngwù. Dùbiān juéde, rénmen xǐhuan yǎng gǒu, kěnéng shì yīnwèi gǒu bǐjiào zhōngchéng、cōngming、yǒu zérèngǎn, tā hái tīngshuō yǎng chǒngwù huì duì rén de xìnggé、xīnlǐ chǎnshēng yǐngxiǎng, bǐrú yǎng gǒu huì ràng rén biàn de xìnggé kāilǎng, lèyú yǔrén jiāowǎng, yǒu shìyèxīn hé zérèngǎn, chōngmǎn àixīn. Wáng Fēng kāi wánxiào de wèn Dùbiān, yǎng māo de rén shìbushì yě huì xiàng māo yíyàng yǒu lǎnyángyáng de gèxìng, ài zuò báirìmèng, xǐhuan dǎbàn. Dùbiān shuō nà kě bùyídìng.

Wáng Fēng nǎinai yǎngle yì zhī gǒu, tā shì nǎinai zuì hǎo de bànr, shì nǎinai de "xiǎo sūnzi". Dùbiān jiā de gǒu yě shì bàba、māma zuì hǎo de péngyou. Rìběnrén de gōngzuò yālì tèbié dà, xǔduō rén yǎng gǒu shì xiǎng huǎnjiě gōngzuò yālì. Zài Zhōngguó, chǒngwù shāngdiàn、chǒngwù yīyuàn yuèláiyuè duō; zài Rìběn, hái yǒu rén dàizhe chǒngwù qù pào wēnquán, érqiě tīngshuō tèbié guì. Wáng Fēng yǒu yìxiē péngyou xiǎng yǔzhòng-bùtóng, yǎng yìxiē tèbié de chǒngwù, yě yǒu hěn duō tóngxué jīngcháng wèi xuéxiào lǐ de liúlàngmāo. Tā rènwéi xiànzài liúlàng dòngwù zēngduō, yǐjīng chéngle yí gè shèhuì wèntí, zhǔyào shì yīnwèi yǒuxiē chǒngwù zhǔrén tài méiyǒu zérènxīn, xiǎng yǎng jiù yǎng, bù xiǎng yǎng jiù rēng. Dùbiān yě juéde nàme zuò bú tài hǎo, nàxiē liúlàngmāo fēicháng kělián, xuéshēng yí fàng jià, tāmen jiù zhǐ néng è dùzi le.

Tāmen tánle hěn cháng shíjiān de chǒngwù, Dùbiān yǒu diǎn xiǎng tā jiā de gǒu "Qiǎokèlì" le. Wáng Fēng jiànyì tā tōngguò shìpín gēn "Qiǎokèlì" dǎ gè zhāohu.

第21课　我们的好伙伴儿

课文二练习

1. 先听一遍录音，然后填空

　　王峰向渡边了解日本人养宠物的情况。渡边说，日本养宠物的人＿＿＿＿＿＿多，而且日本人最喜欢养狗。王峰说，在中国养宠物也越来越＿＿＿＿＿＿，很多人养狗、养猫、养鸟，＿＿＿＿＿＿狗是人们最喜欢的宠物。渡边觉得，人们喜欢养狗，可能是＿＿＿＿＿＿狗比较忠诚、聪明，有责任感，他还听说养宠物会对人的性格、心理产生＿＿＿＿＿＿，比如养狗会让人变得性格＿＿＿＿＿＿，乐于与人交往，有事业心和责任感，充满＿＿＿＿＿＿。王峰开玩笑地问渡边，养猫的人是不是也会像猫一样有懒洋洋的＿＿＿＿＿＿，爱做白日梦，喜欢打扮。渡边说那可不一定。

　　王峰奶奶养了一只狗，它是奶奶最好的＿＿＿＿＿＿，是奶奶的"小孙子"。渡边家的狗也是爸爸、妈妈最好的朋友。日本人的工作压力特别大，许多人养狗是想＿＿＿＿＿＿工作压力。在中国，宠物商店、宠物医院越来越多；在日本，还有人带着宠物去泡温泉，而且听说特别＿＿＿＿＿＿。王峰有一些朋友想与众不同，养一些特别的宠物，也有很多同学经常＿＿＿＿＿＿学校里的流浪猫。他认为现在流浪动物增多，已经成了一个＿＿＿＿＿＿问题，主要是因为有些宠物主人太没有责任心，想养就养，不想养就＿＿＿＿＿＿。渡边也觉得那么做不太好，那些流浪猫非常可怜，学生一放假，它们就只能饿肚子了。

他们谈了很长时间的宠物,渡边有点_____他家的狗"巧克力"了。王峰建议他_____视频跟"巧克力"打个招呼。

2. 再听一遍录音,然后填表

听第一段录音,填写下面的表格。

日本和中国养宠物的情况	
人们喜欢养狗的原因	
养宠物对人的性格、心理产生的影响	

听第二段录音,填写下面的表格。

狗在王峰奶奶家的地位	
狗在王峰家的地位	
许多日本人养狗的原因	
流浪猫增多的原因	

3. 连词成句

(1) 宠物　渡边　王峰　向　情况　了解　日本　养　的　人

_____。

(2) 许多　养　人　狗　压力　是　缓解　工作　想

_____。

(3) 王峰　通过　他　招呼　视频　跟　打　建议　"巧克力"　个

_____。

第21课　我们的好伙伴儿

4. 试着根据练习2的表格复述课文

五、综合练习

词汇练习

1. 组词（两个或三个）

例：书　～本/图～/～店

爱 _____　　以 _____

大 _____　　于 _____

打 _____　　好 _____

流 _____　　可 _____

2. 词语搭配

享受 _____　　爱心 _____　　影响 _____

白日梦 _____　　爱护 _____　　招呼 _____

缓解 _____　　性格 _____　　发现 _____

养 _____　　泡 _____　　喂 _____

3. 选词填空

> 乐于　充满　产生　管　缓解　增多

(1) 到中国留学的外国学生_____的主要原因是中国经济的发展。

(2) 有些大学生找不到_____压力的办法,选择了自杀。

(3) 她从小就是一个_____交往的人,好朋友有很多。

(4) 在中国,人们_____80年代出生的人叫"80后"。

(5) 选美小姐不但人长得要漂亮,而且要_____爱心。

(6) 很小的事情有时也会_____很大的影响。

4. 词语问答练习(回答时必须使用指定的词语)

(1) 你觉得什么动物是人类最好的伙伴?为什么?

(2) 什么动物比较可爱?

(3) 心理健康重要吗?

(4) 什么样的人是有责任心的人?举例说明。

(5) 什么样的人是有爱心的人?举例说明。

(6) 介绍对你有重要影响的一个人或者一本书。

(7) 你的个性是怎样的?

(8) 你有什么缓解压力的好办法吗?

(9) 你喜欢与众不同吗?

(10) 在日本,流浪动物多吗?为什么?

5. 生词扩展

本课与宠物有关的词汇有哪些?
你还知道其他与宠物有关的词汇吗?

第21课　我们的好伙伴儿

课堂活动

1. 辩论

辩题：养宠物的利与弊
正方：养宠物利大于弊
反方：养宠物弊大于利

提示词语：　忠诚　　　责任感　　爱心　　伙伴
　　　　　　缓解　　　压力　　　流行　　脏
　　　　　　贵　　　　麻烦　　　浪费

2. 倡议书

　　请你以爱护小动物协会会长的身份，写一份倡议书，倡议全体国民不要抛弃宠物，同时也要关爱流浪动物。全班同学把自己的倡议贴在班级的墙上，由全班同学进行评选，评出最佳倡议书。

3. 小表演

　　两个人一组，根据课文内容进行角色表演。一个演渡边，一个演渡边的妈妈，请发挥自己的想象，设计渡边与妈妈谈论"巧克力"的对话。全班同学评出最佳表演奖。

4. 学唱网络流行歌曲《猪之歌》

六、文化掠影

汉语中的"狗"

无论在日本还是在中国,狗和人的关系都是很密切的,它们非常聪明可爱,可以为人们看家、牧羊、导盲或被训练成警犬、猎犬等。狗对主人一般都是很忠诚的。

汉语中用"狗"来表达意思的词语很多,但基本上都是贬义词。如:骂跟在坏人后面的人为"狗腿子""走狗";骂以权势欺负别人的人为"狗仗人势";有人交了一些不三不四的朋友就称他们为"狐朋狗友";有人爱管闲事就是"狗拿耗子";为坏人出主意就成了"狗头军师"。总之,凡是同"狗"沾边的人和事,没有一个不被骂得"狗血喷头"的。狗的一些本能的行为动作也被用来形容名声不好的人,比如"狗急跳墙""狗屁不通""狗改不了吃屎"等。

导盲(dǎo máng):視覺障害者を導きます
警犬(jǐngquǎn):警察犬。
忠诚(zhōngchéng):忠実である。

贬义词(biǎnyìcí):へんぎ語。

权势(quánshì):權威。

管闲事(guǎn xiánshì):おせっかいをやく。

沾边(zhān biān):かかわりがある。

名声(míngshēng):名声。

第21课　我们的好伙伴儿

想一想，聊一聊

（1）为什么很多人说狗是人类的朋友？

（2）汉语中与狗有关的词大多是贬义词，日语也是这样吗？

（3）如果养一个宠物，你喜欢养什么？为什么呢？

（4）你见过流浪猫或流浪狗吗？你觉得怎样做才能帮助它们？

第22课　快到端午节了

> **课前热身**
> ☞ 日本最重要的节日是什么？人们一般怎么度过这个节日？
> ☞ 关于中国的节日，你知道些什么？
> ☞ 你在中国过过什么节日？

一、生词和短语

1. 巧	qiǎo	形	タイミングが良い	这件事太~了；你来得真~，我们正在找你。
2. 感受	gǎnshòu	动/名	感じとる	~气氛；~压力；~关心；~到；深刻的~。
3. 气氛	qìfēn	名	雰囲気	制造~；良好的~；热闹的~；学习的~；~好；~浓。
4. 传统	chuántǒng	名	伝統	保持~；发扬~；优秀~；古老的~；~节日；~艺术。
5. 节日	jiérì	名	記念日、祝日	传统~；庆祝~；欢度~。

第22课　快到端午节了

6. 成为	chéngwéi	动	…になる	~冠军；~大学生；~习惯。
7. 公休	gōngxiū	名	祝祭日や日曜日、定休日	~日。
8. 团聚	tuánjù	动	集まって一緒に過ごす	夫妻~；与/和/跟家人~；~在一起。
9. 到来	dàolái	动	到来する	节日~；假期~；夏天~。
10. 摆	bǎi	动	物を並べる	~家具；把东西~整齐；~上鲜花；~放。
11. 遗憾	yíhàn	形	遺憾だ、残念だ	很~；令人~；感到~。
12. 拜年	bài nián		新年のあいさつをする	给大家~；拜个早/晚年。
13. 习俗	xísú	名	風俗習慣、習俗	民间~；传统~；有趣的~；重视~；保留~。
14. 之间	zhījiān	名	…の間	孩子的年龄在十至十五岁~。
15. 傍晚	bàngwǎn	名	夕方、たそがれ	每天~；~的时候；到了~。
16. 待	dāi	动	滞在する、とどまる	~在家里；在上海~了三天。
17. 亲戚	qīnqi	名	親戚	~关系；有~；一个/门~。
18. 恭喜发财	gōngxǐ fā cái		お金儲けができますように	拜年时人们常常说~；~是春节时人们常说的吉利话。

19. 连……也……	lián…yě…		…さえも、…までも	他连骑自行车也不会。
20. 逛	guàng	动	ぶらぶら歩く	～街；～庙会；～商店；～公园。
21. 安静	ānjìng	形	静かだ	～的教室；～的图书馆；～房间；反义词：吵闹。
22. 参拜	cānbài	动	参拝する、詣でる	～祖先；～孔庙。
23. 午夜	wǔyè	名	真夜中	～时分。
24. 敲	qiāo	动	打つ、たたいて音を出す	～钟；～门。
25. 庄严	zhuāngyán	形	荘厳だ	～的天安门；～的时刻；～的场合；～的气氛。
26. 肃穆	sùmù	形	厳かで静かだ	气氛～；表情～；～的地方。
27. 抽签	chōu qiān		くじを引く、抽選する	～决定；抽了一支签。
28. 果然	guǒrán	副	予想どおり、はたして	天气预报说今天有雨，～下起来了。
29. 缘分	yuánfèn	名	縁、めぐり合わせ	(没)有～；寻找～；～来了。
30. 显得	xiǎnde	动	…の様相を呈する、…に見える	～紧张；～热闹；～好看；～年轻；～干净；～认真。

第22课　快到端午节了

二、课文一及练习

（王峰和渡边在路上偶遇。）

王　　峰：渡边，太巧了，我正要去找你。明天是端午节，你有什么安排吗？

渡　　边：还没有呢。

王　　峰：那太好了，我想请你到我家去吃粽子。

渡　　边：好啊，太谢谢了！我正想看看中国人怎么过端午节，感受一下端午节的气氛呢。

王　　峰：端午节是中国的传统节日，从2008年开始，端午节已经成为全国的公休日。日本也有端午节吗？

渡　　边：日本也有，不过是在阳历的五月五日，那一天也是全国公休日。

王　　峰：端午节是日本最重要的节日吗？

渡　　边：不是，新年才是日本最重要的节日。无论工作多么忙，人们都会赶回家与家人团聚。新年到来之前，妈妈一般会在门前摆上门松。听说中国人习惯在大年初一的早晨吃饺子，而我们日本人习惯在除夕晚上吃荞麦面条。而且妈妈告诉我们荞麦面条必须在新年到来之前吃完，如果新年开始以后再吃就不吉利了。

王　　峰：其实大年初一吃饺子是北方人的习惯，在南方很多人也吃面条或者汤圆。

渡　　边：可是我听说，汤圆是元宵节吃的啊。

王　　峰：你知道的可真多啊！是的，元宵节我们不但要吃汤圆，还要去看花灯呢。

渡　　边：真遗憾，元宵节的时候我已经回国了，看不到漂亮的

花灯了。对了,我听说中国人在春节的时候有拜年的习俗,这个跟日本一样。我们日本人拜年一般在1月1号到3号之间,但是一般不会在元旦早晨去别人家拜年,即使选择元旦这一天,也会在下午或傍晚。

王　　峰:对中国人来说,初一一般是待在家里的,从初二开始就可以去给亲戚朋友拜年了。拜年的时候一般都会带些礼物,还要说一些祝福的话,比如"过年好""恭喜发财"什么的。

渡　　边:说了会给压岁钱吗?

王　　峰:啊?日本人也有给压岁钱的习惯啊?

渡　　边:当然,我在十五岁以前,每年新年都会收到长辈给的压岁钱。

王　　峰:说实话,能收到压岁钱是我最喜欢过春节的原因。我们家的习惯是,孩子没有工作之前都可以收到压岁钱,所以连我这个20岁的大学生也可以收到。还有春节的时候,我们全家还会一起贴春联、放鞭炮、逛庙会,特别热闹。

渡　　边:那日本的新年跟中国的春节比起来可就安静多了。我们会在除夕夜参拜神社,午夜12点,大家开始敲钟祈福,气氛特别庄严、肃穆。去年我到神社抽签,抽了个大吉,非常高兴!你看,果然我来中国后认识了你,让我的留学生活变得特别有意思。

王　　峰:呵呵,咱们俩有缘分呀!认识你我也很高兴,从你这里我了解了很多日本的文化,还学了不少日语呢。那吃粽子的事就这么定了啊,明天我在家等你!

第22课 快到端午节了

(Wáng Fēng hé Dùbiān zài lùshang ǒuyù.)

Wáng Fēng: Dùbiān, tài qiǎo le, wǒ zhèng yào qù zhǎo nǐ. Míngtiān shì Duānwǔ Jié, nǐ yǒu shénme ānpái ma?

Dùbiān: Hái méiyǒu ne.

Wáng Fēng: Nà tài hǎo le, wǒ xiǎng qǐng nǐ dào wǒ jiā qù chī zòngzi.

Dùbiān: Hǎo a, tài xièxie le! Wǒ zhèng xiǎng kànkan Zhōngguórén zěnme guò Duānwǔ Jié, gǎnshòu yíxià Duānwǔ Jié de qìfēn ne.

Wáng Fēng: Duānwǔ Jié shì Zhōngguó de chuántǒng jiérì, cóng èrlínglíngbā nián kāishǐ, Duānwǔ Jié yǐjīng chéngwéi quánguó de gōngxiūrì. Rìběn yě yǒu Duānwǔ Jié ma?

Dùbiān: Rìběn yě yǒu, búguò shì zài yánglì de wǔyuè wǔ rì, nà yì tiān yě shì quánguó gōngxiūrì.

Wáng Fēng: Duānwǔ Jié shì Rìběn zuì zhòngyào de jiérì ma?

Dùbiān: Bú shì, Xīnnián cái shì Rìběn zuì zhòngyào de jiérì. Wúlùn gōngzuò duōme máng, rénmen dōu huì gǎnhuí jiā yǔ jiārén tuánjù. Xīnnián dàolái zhī qián, māma yìbān huì zài mén qián bǎishàng ménsōng. Tīngshuō Zhōngguórén xíguàn zài dànián chūyī de zǎochén chī jiǎozi, ér wǒmen Rìběnrén xíguàn zài Chúxī wǎnshang chī qiáomài miàntiáo. Érqiě māma gàosu wǒmen qiáomài miàntiáo bìxū zài Xīnnián dàolái zhīqián chīwán, rúguǒ Xīnnián kāishǐ yǐhòu zài chī jiù bù jílì le.

Wáng Fēng: Qíshí dànián chūyī chī jiǎozi shì běifāngrén de xíguàn, zài nánfāng hěn duō rén yě chī miàntiáo huòzhě tāngyuán.

Dùbiān: Kěshì wǒ tīngshuō, tāngyuán shì Yuánxiāo Jié chī de a.

Wáng Fēng: Nǐ zhīdào de kě zhēn duō a! Shì de, Yuánxiāo Jié

	wǒmen búdàn yào chī tāngyuán, hái yào qù kàn huādēng ne.
Dùbiān:	Zhēn yíhàn, Yuánxiāo Jié de shíhou wǒ yǐjīng huí guó le, kànbudào piàoliang de huādēng le. Duì le, wǒ tīngshuō Zhōngguórén zài Chūn Jié de shíhou yǒu bài nián de xísú, zhège gēn Rìběn yíyàng. Wǒmen Rìběnrén bài nián yìbān zài yīyuè yī hào dào sān hào zhījiān, dànshì yìbān bú huì zài Yuándàn zǎochén qù biérén jiā bài nián, jíshǐ xuǎnzé Yuándàn zhè yì tiān, yě huì zài xiàwǔ huò bàngwǎn.
Wáng Fēng:	Duì Zhōngguórén lái shuō, chūyī yìbān shì dāi zài jiā lǐ de, cóng chū'èr kāishǐ jiù kěyǐ qù gěi qīnqi péngyou bài nián le. Bài nián de shíhou yìbān dōu huì dài xiē lǐwù, hái yào shuō yìxiē zhùfú de huà, bǐrú "guò nián hǎo" "gōngxǐ fā cái" shénme de.
Dùbiān:	Shuōle huì gěi yāsuìqián ma?
Wáng Fēng:	Ā? Rìběnrén yě yǒu gěi yāsuìqián de xíguàn a?
Dùbiān:	Dāngrán, wǒ zài shíwǔ suì yǐqián, měi nián Xīnnián dōu huì shōudào zhǎngbèi gěi de yāsuìqián.
Wáng Fēng:	Shuō shíhuà, néng shōudào yāsuìqián shì wǒ zuì xǐhuan guò Chūnjié de yuányīn. Wǒmen jiā de xíguàn shì, háizi méiyǒu gōngzuò zhīqián dōu kěyǐ shōudào yāsuìqián, suǒyǐ lián wǒ zhège èrshí suì de dàxuéshēng yě kěyǐ shōudào. Hái yǒu Chūnjié de shíhou, wǒmen quánjiā hái huì yìqǐ tiē chūnlián、fàng biānpào、guàng miàohuì, tèbié rè'nao.
Dùbiān:	Nà Rìběn de Xīnnián gēn Zhōngguó de Chūnjié bǐ qǐlái kě jiù ānjìng duō le. Wǒmen huì zài Chúxīyè cānbài shénshè, wǔyè shí'èr diǎn, dàjiā kāishǐ qiāo zhōng qí fú, qìfēn tèbié zhuāngyán、sùmù. Qùnián wǒ dào shénshè chōu qiān, chōule gè dàjí, fēicháng gāoxìng! Nǐ kàn, guǒrán wǒ lái Zhōngguó hòu rènshile nǐ, ràng wǒ de liúxué shēnghuó biànde tèbié

第22课 快到端午节了

Wáng Fēng: yǒuyìsi.
Hē hē, zánmenliǎ yǒu yuánfèn ya! Rènshi nǐ wǒ yě hěn gāoxìng, cóng nǐ zhèlǐ wǒ liǎojiěle hěn duō Rìběn de wénhuà, hái xuéle bùshǎo Rìyǔ ne. Nà chī zòngzi de shì jiù zhème dìngle a, míngtiān wǒ zài jiā děng nǐ!

课文一听说练习

听后根据录音复述并写出听到的句子

(1)
(2)
(3)
(4)
(5)
(6)
(7)
(8)
(9)
(10)

三、语言点及练习

（一）太巧了，我正要去找你。

　　"正"表示巧合、恰巧。
　　「正」は、偶然の一致、都合がいいこと、わるいことをあらわします。

1. 听录音，仿照例子完成下面的句子

（1）他进来的时候，我正＿＿＿＿＿＿＿。

（2）水不热不凉，正＿＿＿＿＿＿＿。

（3）这张桌子不高不低，＿＿＿＿＿＿＿。

（4）我正＿＿＿＿＿＿＿，他就来了。

2. 任务练习

　　想象一下，在下面的情景中，用"正"怎么说。

（1）下雨天不能出去，正可以＿＿＿＿＿＿＿＿＿＿＿＿。

（2）周末的天气非常好，正可以＿＿＿＿＿＿＿＿＿＿＿＿。

（3）我正要＿＿＿＿＿＿＿＿＿＿＿＿，妈妈来电话了。

（4）她正想＿＿＿＿＿＿＿＿＿＿＿＿，男朋友送来了。

（5）这件衣服不大不小，正＿＿＿＿＿＿＿＿＿＿＿＿。

（二）无论工作多么忙，人们都会赶回家与家人团聚。

　　"无论"表示在任何条件下结果或结论都不会改变。常与"也、总、都"等副词搭配，构成条件复句。"无论"后边要有"哪、什么、怎么"等疑问代词，或可提供选择的两项或几项并列成分。
　　「无论」はいかなる条件であろうと結果や結論がかわりえない

188

ことをあらわします。「也、总、都」などの副詞と常に組み合わされ、条件複文を構成します。「无论」の後ろには、「哪、什么、怎么」のなどの疑問代詞や選択する二つの項目ないしはいくつかの選択肢を並列します。

1. 听录音,仿照例子完成下面的句子

（1）他无论干什么都很认真。

（2）无论我们走到哪里,都_____。

（3）无论_____,在父母眼里,我们都是孩子。

（4）无论大事小事,他都_____。

2. 任务练习

用"无论……都/也……"改写句子。
（1）老板称赞你,你得听着;老板批评你,你得听着。
（2）恋人给你做的菜,哪怕难吃得要命,你也要说好吃。
（3）孩子漂亮,父母喜欢;孩子不漂亮,父母也不会不喜欢。
（4）老人喜欢这部电影,孩子也喜欢。
（5）他是一个网虫,走到什么地方,都带着电脑。

（三）所以连我这个20岁的大学生也可以收到。

　　"连"强调动作主体或对象,含有"甚至"的意思,常与"都、也"配合使用。
　　「连」は動作主体や対象を強調し、「甚至」の意味を含みます。常に「都、也」と組み合わせて使用します。

1. 听录音,仿照例子完成下面的句子

（1）这个问题太难了,连老师也不会。

（2）这个问题太简单了,连_____。

(3) 他学习很努力,连_____。

(4) 他学习不努力,连_____。

2. **任务练习:我来证明**

请你用一个例子来证明前一小句的观点。
例如:我们全家都是球迷,连八十岁的奶奶都爱看球。

(1) 姐姐不喜欢旅行,_____。

(2) 这个歌星太有名了,_____。

(3) 这个汉字太复杂了,_____。

(4) 他非常忙,_____。

(5) 他总是丢三落四,_____。

(四)你看,果然我来中国后认识了你,……

"果然"表示真的出现了所预料、希望或猜想到的事情。
「果然」は予期したり、希望したりあるいは推測したことが本当に実現したことをあらわします。

1. **听录音,仿照例子完成下面的句子**

(1) 昨天天气预报说今天有雨,果然今天下雨了。

(2) 我想今天晚上他一定在家,一打电话,他果然_____。

(3) _____,妈妈的病果然好了。

(4) _____,他果然来了。

2. 任务练习：找朋友

请把A、B中的句子连起来，并且用"果然"各说一句话，根据需要可以增减词语。

A	B
在老师的帮助下	他得了第一
大家都说他很厉害	他晚上发烧了
这么冷的天，他穿得衣服很少	他的汉语水平有了很大提高
他总是睡懒觉，同学们都担心	看了之后，觉得不错
听说这部电影很好看	他又迟到了

四、课文二及练习

快到端午节了，王峰邀请渡边到他的家吃粽子。渡边非常高兴，他正想到中国人家里感受一下端午节的气氛。

新年是日本最重要的节日，无论工作多么忙，人们都会赶回家与家人团聚。日本人习惯在除夕晚上吃荞麦面条。春节是中国最重要的节日，北方人在大年初一吃饺子，很多南方人也会吃面条或者汤圆。渡边听说，汤圆是中国人在元宵节时吃的。王峰夸奖渡边知道得多，他说元宵节中国人不但要吃汤圆，还要去看花灯。渡边觉得很遗憾，因为明年元宵节的时候他已经回国了。他听说中国人在春节的时候有跟日本差不多的拜年习俗，并向王峰介绍说，日本人拜年一般在1月1号到3号之间，但是一般不会在元旦早晨去别人家拜年，即使选择元旦这一天，也会在下午或傍晚。王峰说，中国人正月初一一般是待在家里的，从初二开始就可以去给亲戚朋友拜年了。拜年的时候一般都会带些礼物，还要说一些祝福的话。渡边十五岁以前，每年新年都会收到长辈给的压岁钱。王峰没有想到日本也有给压岁钱的习惯，他说能收到压岁钱是他

最喜欢过春节的原因。另外,春节时他们全家还会一起贴春联、放鞭炮、逛庙会,特别热闹。渡边说,日本的新年跟中国的春节比起来,显得安静得多。去年渡边到神社抽签,抽了个大吉,非常高兴。果然他来中国后认识了王峰,让他的留学生活变得特别有意思。王峰说,他们俩有缘分,认识渡边他也很高兴,从渡边那里他了解了很多日本的文化,还学了不少日语。

Kuài dào Duānwǔ Jié le, Wáng Fēng yāoqǐng Dùbiān dào tā de jiā chī zòngzi. Dùbiān fēicháng gāoxìng, tā zhèng xiǎng dào Zhōngguórén jiā lǐ gǎnshòu yíxià Duānwǔ Jié de qìfēn.

Xīnnián shì Rìběn zuì zhòngyào de jiérì, wúlùn gōngzuò duōme máng, rénmen dōu huì gǎnhuí jiā yǔ jiārén tuánjù. Rìběnrén xíguàn zài Chúxī wǎnshang chī qiáomài miàntiáo. Chūnjié shì Zhōngguó zuì zhòngyào de jiérì, běifāngrén zài dànián chūyī chī jiǎozi, hěn duō nánfāngrén yě huì chī miàntiáo huòzhě tāngyuán. Dùbiān tīngshuō, tāngyuán shì Zhōngguórén zài Yuánxiāo Jié shí chī de. Wáng Fēng kuājiǎng Dùbiān zhīdào de duō, tā shuō Yuánxiāo Jié Zhōngguórén búdàn yào chī tāngyuán, hái yào qù kàn huādēng. Dùbiān juéde hěn yíhàn, yīnwèi míngnián Yuánxiāo Jié de shíhou tā yǐjīng huí guó le. Tā tīngshuō Zhōngguórén zài Chūnjié de shíhou yǒu gēn Rìběn chàbuduō de bài nián xísú, bìng xiàng Wáng Fēng jièshào shuō, Rìběnrén bài nián yìbān zài yīyuè yī hào dào sān hào zhījiān, dànshì yìbān bú huì zài Yuándàn zǎochén qù biérén jiā bài nián, jíshǐ xuǎnzé Yuándàn zhè yì tiān, yě huì zài xiàwǔ huò bàngwǎn. Wáng Fēng shuō, Zhōngguórén zhēngyuè chūyī yìbān shì dāi zài jiā lǐ de, cóng chū'èr kāishǐ jiù kěyǐ qù gěi qīnqi péngyou bài nián le. Bài nián de shíhou yìbān dōu huì dài xiē lǐwù, hái yào shuō yìxiē zhùfú de huà. Dùbiān shíwǔ suì yǐqián, měi nián Xīnnián dōu huì shōudào zhǎngbèi gěi de yāsuìqián. Wáng Fēng méiyǒu xiǎngdào Rìběn yě yǒu gěi yāsuìqián de xíguàn, tā shuō néng shōudào yāsuìqián shì tā zuì xǐhuan guò Chūnjié de yuányīn.

Lìngwài, Chūnjié shì tāmen quánjiā hái huì yìqǐ tiē chūnlián、fàng biānpào、guàng miàohuì, tèbié rè'nao. Dùbiān shuō, Rìběn de Xīnnián gēn Zhōngguó de Chūnjié bǐ qǐlái, xiǎnde ānjìng de duō. Qùnián Dùbiān dào shénshè chōu qiān, chōule gè dàjí, fēicháng gāoxìng. Guǒrán tā lái Zhōngguó hòu rènshile Wáng Fēng, ràng tā de liúxué shēnghuó biànde tèbié yǒuyìsi. Wáng Fēng shuō, tāmenliǎ yǒu yuánfèn, rènshi Dùbiān tā yě hěn gāoxìng, cóng Dùbiān nàlǐ tā liǎojiěle hěn duō Rìběn de wénhuà, hái xuéle bùshǎo Rìyǔ.

课文二练习

1. 先听一遍录音,然后填空

快到端午节了,王峰_____渡边到他的家吃粽子。渡边非常高兴,他正想到中国人家里_____一下端午节的气氛。

新年是日本最重要的节日,_____工作多么忙,人们_____会赶回家与家人团聚。春节是中国最重要的节日,北方人在大年初一吃_____,很多南方人也会吃面条_____汤圆。渡边听说,汤圆是中国人在元宵节时吃的。王峰_____渡边知道得多,他说元宵节中国人不但要吃汤圆,还要去看_____。渡边觉得很遗憾,因为明年元宵节的时候他已经回国了。他听说中国人在春节的时候有跟日本差不多的_____习俗,并向王峰介绍说,日本人拜年一般在1月1号到3号之间,但是一般不会在元旦_____去别人家拜年,即使选择元旦这一天,_____会在下午或傍晚。王

峰说,中国人正月初一一般是_____在家里的,从初二开始就可以去给亲戚朋友拜年了。拜年的时候一般都会_____些礼物,还要说一些祝福的话。渡边十五岁以前,每年新年都会收到长辈给的_____。王峰没有想到日本也有给压岁钱的习惯,他说能收到压岁钱是他最喜欢过春节的_____。另外,春节时他们全家还会一起_____春联、_____鞭炮、_____庙会,特别热闹。渡边说,日本的新年跟中国的春节比起来,显得_____多了。去年渡边到神社抽签,_____了个大吉,非常高兴。_____他来中国后认识了王峰,让他的留学生活变得特别有意思。王峰说,他们俩有_____,认识渡边他也很高兴,从渡边那里他了解了很多日本的文化,还学了不少日语。

2. 再听一遍录音,然后填表

听录音,填写下面的表格。

节日	饮食	习俗
中国春节		拜年:
		压岁钱:
		其他习俗:
日本新年		拜年:
		压岁钱:
		其他习俗:
中国元宵节		

3. 连词成句

(1) 是 新年 重要 日本 最 节日 的

　　_____。

(2) 正月初一 是 中国人 家里 一般 的 待在

　　_____。

(3) 新年 的 跟 日本 中国 起来 比 安静 春节 多
　　了 的 显得

　　_____。

4. 试着根据练习2的表格复述课文

五、综合练习

词汇练习

1. 组词（两个或三个）

例：书　~本/图~/~店

年 _____　　　节 _____

安 _____　　　参 _____

聚 _____　　　气 _____

2. 词语搭配

感受 _____　　传统 _____　　遗憾 _____

安排 _____　　邀请 _____　　拜 _____

贴 _____   放 _____   逛 _____

过 _____   看 _____   敲 _____

3. 选词填空

　　成为　　到来　　待　　庄严　　显得　　安静

(1) 教室里非常_____,同学们正在认真地答题。

(2) 穿上这件白色的衣服,她_____年轻了很多。

(3) 1949年10月1日,毛泽东向全世界_____宣告伟大的中华人民共和国成立。

(4) 他不喜欢跟别人交流,每天都_____在家里上网。

(5) 孩子们很早就盼着春节的_____。

(6) 2009年9月,民主党党首鸠山由纪夫_____新一届日本政府首相。

4. 词语问答练习(回答时必须使用指定词语)

(1) 谈一件你觉得特别巧的事情。
(2) 日本有哪些传统节日?
(3) 在你的国家,结婚以后,儿女和父母一般什么时候团聚?
(4) 你有过什么遗憾?
(5) 日本拜年有哪些习俗?
(6) 你经常去亲戚家吗?一般什么时候去?
(7) 你知道什么时候说"恭喜发财"吗?
(8) 你爱逛街吗?
(9) 你喜欢安静还是热闹?
(10) 你相信缘分吗?

5. 生词扩展

本课与节日有关的词汇有哪些?
你还知道其他与节日有关的词汇吗?

> **课堂活动**

1. 小采访

请你采访你周围的同学,采访提示如下:

你收到过压岁钱吗?
一般是谁给你压岁钱?
收到压岁钱后,你的心情如何?
一般你怎么来使用你的压岁钱?
如果你有了孩子,你会给他/她压岁钱吗? 为什么?

2. 倡议书

  自制中国节日日历。上网或者去图书馆了解中国的节日情况。分小组,制作一个特别的中国节日日历。然后将作品在全班面前展示,评出最佳制作奖和最佳创意奖。

3. 听歌学汉语

  听王菲的《但愿人长久》这首歌,然后学唱。

六、文化掠影

中国的主要传统节日及习俗

春节:每年的农历正月初一,是中国最重要的传统节日。习俗有很多,如扫尘、贴春联、贴窗花和倒贴"福"字、贴年画、守岁、放爆竹、拜年等等。

元宵节:农历正月十五。主要活动有吃元宵、看花灯等。

清明节,在每年的阳历4月4日至6日之间,这是中国最重要的祭祀节日,是祭祖和扫墓的日子。清明节的习俗除了扫墓,还有踏青、荡秋千、插柳等一系列风俗体育活动。

端午节:农历五月初五,是中国民间的传统节日。端午也称端五、端阳。端午节民间风俗有:吃粽子、赛龙舟等。

中秋节:每年农历八月十五日,这一天的月亮比其他几个月的满月更圆,更明亮,所以又叫做"月夕"或"八月节"。此夜,人们仰望天空如玉如盘的朗朗明月,自然会期盼家人团聚。远在他乡的游子,也借此寄托自

祭祀(jìsì):祭祀(を執り行う)。

扫墓(sǎo mù):墓参りをする。

踏青(tàqīng):春のピクニックに出かける。

荡秋千(dàng qiūqiān):ブランコする。

期盼(qīpàn):待ち望む。

第22课　快到端午节了

己对故乡和亲人的思念之情。所以，中秋又称"团圆节"。民俗有赏月、吃月饼等。

七夕节：农历七月初七的夜晚，天气温暖，草木<u>飘香</u>，这就是人们俗称的七夕节，也有人称之为"乞巧节"或"女儿节"，这是中国传统节日中最具浪漫色彩的一个节日，现在也有人把它作为中国的情人节。

重阳节：农历九月初九，九九重阳，与"久久"同音，九在数字中又是最大数，有长久长寿的含意，所以也是老人节；况且秋季也是一年收获的黄金季节，所以重阳佳节<u>寓意</u>深远，人们对此节历来有着特殊的感情。庆祝重阳节的活动一般包括出游赏景、登高<u>远眺</u>、观赏菊花、插<u>茱萸</u>、吃重阳糕、饮菊花酒等。

飘香(piāo xiāng)：香りただよう。

寓意(yùyì)：寓意。

远眺(yuǎntiào)：遠く眺める。
茱萸(zhūyú)：〈植〉ゴシュユ。

想一想，聊一聊

(1) 中国的哪个节日是老年人的节日？
(2) 中国和日本在节日习俗方面有没有相同的地方？
(3) 你最喜欢日本的哪个节日？最不喜欢哪个？为什么？

第23课　传统艺术其实挺美的

课前热身

- 你看过日本的歌舞伎吗？喜欢吗？
- 日本的年轻人喜欢传统艺术吗？为什么？
- 你对中国的传统艺术感兴趣或有所了解吗？

一、生词和短语

1. 艺术	yìshù	名	芸術	～家；～品；传统～；喜欢～；学习～。
2. 京剧	jīngjù	名	京劇	一场/出～；～艺术；～演员；～表演。
3. 味儿	wèir	名	味、味わい	（没）有～；京～；洋～；～很浓。
4. 演员	yǎnyuán	名	俳優、タレント	一个/名/位～；京剧～；歌唱～；电影～；舞蹈～。
5. 国粹	guócuì	名	国粋	京剧是中国的～；歌舞伎是日本的～。
6. 实话	shíhuà	名	実際の話、本当の話	说～；～实说。
7. 迷	mí	名	ファン、マニア	影～；戏～；歌～；球～；棋～；财～。
8. 报道	bàodào	名	報道、ニュース原稿	一篇～；写～；看～；发（表）～。

第23课　传统艺术其实挺美的

9. 大师	dàshī	名	巨匠、大家	国学~;戏剧~;艺术~;围棋~;武术~。
10. 几乎	jīhū	副	ほぼ…だ	春节时,中国人~家家都吃饺子;儿子~跟他一样高了。
11. 必修课	bìxiūkè	名	必修科目	一门~;选修课。
12. 角色	juésè	名	演劇や映画のキャスト、配役	正面~;反面~;主要~;次要~;小~。
13. 合作	hézuò	动	協力して仕事をする、提携する	跟/和……~;~演出;~设计;开始~;一直~;直接~。
14. 精彩	jīngcǎi	形	秀でている、素晴らしい	~的发言;~的表演;~的比赛;~的内容。
15. 专家	zhuānjiā	名	專門家	京剧~;电脑~;当~;成为~;请教~。
16. 评论	pínglùn	动	評論する	~别人;~事件;~作品;近义词:议论。
17. 伟大	wěidà	形	偉大だ	~的国家;~的人民;~的艺术;~的科学家。
18. 了不起	liǎobuqǐ	形	大したものだ、非凡だ	这人~;水平~;~的艺术家;没什么~。
19. 可不是	kěbùshi	副	そのとおり、そうだとも	甲:他真了不起!乙:~!
20. 国际长途	guójì chángtú		国際電話	打~;接听~;国内长途;长途电话。
21. 导演	dǎoyǎn	名	監督	电影~;影视~;当~;出色的~。

22. 讲解	jiǎngjiě	动	解説する、説明する	～课文；～内容；～道理；近义词：解释。
23. 唱词	chàngcí	名	(京劇など伝統劇で歌われる)歌詞	一段/句～；精彩的～。
24. 功夫	gōngfu	名	修練、努力	下～；花～；用～；～不负有心人。
25. 普通话	pǔtōnghuà	名	現代中国の共通語	练习～；说～；讲～；推广～；使用～。
26. 敬业	jìngyè	形	仕事に対する献身的精神	～精神；～的人；很～。
27. 精神	jīngshén	名	精神	科学～；民族～；企业～；有～；～好。
28. 值得	zhídé	动	…するに値する	～买；～尊敬；～参观；～学习。
29. 尊敬	zūnjìng	动	尊敬する	～老人；～师长；令人～。
30. 戏曲	xìqǔ	名	芝居	一场/出～；地方～；～表演。
31. 特殊	tèshū	形	特殊だ	～情况；～问题；～人物；反义词：普通、平常。
32. 上映	shàngyìng	动	上映する	新片～；电影～。
33. 迷恋	míliàn	动	夢中になる	～戏曲；～京剧；～足球；～艺术；很～。
34. 超过	chāoguò	动	追い越す、追い抜く、上回る、オーバーする	～老师；～水平；～数量；～计划；～三天。
35. 优美	yōuměi	形	優美だ、上品で美しい	风景～；环境～；～的歌声；～的音乐。

第23课 传统艺术其实挺美的

二、课文一及练习

（王峰和渡边一起看完电影《霸王别姬》之后，走出电影院，他们边走边聊。）

渡　边：这部电影真不错，你觉得呢？

王　峰：嗯，这是我第二次看了。

渡　边：我觉得电影里的京剧很有味儿，演员也很漂亮，特别是服装，更是美极了。

王　峰：要不京剧怎么被称为中国的国粹呢？我听说日本也有一种和京剧差不多的艺术。

渡　边：对，是日本的歌舞伎。它跟京剧一样，也是一种传统艺术，大概有400多年的历史。

王　峰：在日本，年轻人喜欢歌舞伎吗？

渡　边：说实话，日本的年轻人对传统的艺术越来越不关心，我们更喜欢现代艺术。

王　峰：中国的年轻人也一样，对传统艺术的了解非常少。但是我因为受爷爷的影响，从小就对京剧特别感兴趣。

渡　边：那你一定是个京剧迷了！

王　峰：对啊。另外，我还喜欢昆曲呢。最近在网上看到中日演员一起演昆曲《牡丹亭》的报道，挺有意思的。

渡　边：真的吗？日本的主要演员是谁？

王　峰：是坂东玉三郎。

渡　边：我听说过他，他是日本很有名的歌舞伎演员。

王　峰：怪不得网上说，他是日本国宝级歌舞伎大师。《牡丹亭》几乎是每个昆曲旦角演员的必修课，能演好主要角色杜丽娘的演员特别少，但是这次合作演出中，坂

东玉三郎的表演特别精彩。有专家评论说,他确实是一个伟大的演员。

渡　边：他真的很了不起。日本的歌舞伎演员学习中国的昆曲一定很难吧。

王　峰：可不是。听说坂东玉三郎很早就开始了解中国文化。他读了《论语》《孟子》《庄子》和《老子》,还几乎每天打一个半小时的国际长途到北京,让导演给他讲解《牡丹亭》每一句唱词的意思。

渡　边：他真是下了大功夫了。昆曲是用普通话唱的吗?

王　峰：不是,是苏州话。所以,坂东先生练习发音时非常努力。

渡　边：他太有敬业精神啦,值得我们尊敬。

王　峰：确实是。坂东先生喜欢表演也受到了家庭影响,很小的时候他就常常听父亲讲中国京剧和梅兰芳,对中国戏曲和文化有一份特殊的感情。

渡　边：梅兰芳?我听说过,他是中国最有名的京剧表演艺术家。

王　峰：还应该加上两个字:"之一"。最近正好有一部关于梅兰芳的电影上映,有时间我们一起去看吧。

渡　边：好啊!里面一定有我喜欢的京剧。

王　峰：你对京剧的迷恋已经快超过我啦!

(Wáng Fēng hé Dùbiān yìqǐ kànwán diànyǐng《Bàwáng Bié Jī》zhīhòu, zǒuchū diànyǐngyuàn, tāmen biān zǒu biān liáo.)
Dùbiān:　　　Zhè bù diànyǐng zhēn búcuò, nǐ juéde ne?
Wáng Fēng:　Èn, zhè shì wǒ dì-èr cì kàn le.
Dùbiān:　　　Wǒ juéde diànyǐng lǐ de jīngjù hěn yǒuwèir, yǎnyuán

第23课　传统艺术其实挺美的

	yě hěn piàoliang, tèbié shì fúzhuāng, gèng shì měi jí le.
Wáng Fēng:	Yàobù jīngjù zěnme bèi chēngwéi Zhōngguó de guócuì ne? Wǒ tīngshuō Rìběn yě yǒu yì zhǒng hé jīngjù chàbuduō de yìshù.
Dùbiān:	Duì, shì Rìběn de gēwǔjì. Tā gēn jīngjù yíyàng, yě shì yì zhǒng chuántǒng yìshù, dàgài yǒu sìbǎi duō nián de lìshǐ.
Wáng Fēng:	Zài Rìběn, niánqīngrén xǐhuan gēwǔjì ma?
Dùbiān:	Shuō shíhuà, Rìběn de niánqīngrén duì chuántǒng de yìshù yuèláiyuè bù guānxīn, wǒmen gèng xǐhuan xiàndài yìshù.
Wáng Fēng:	Zhōngguó de niánqīngrén yě yíyàng, duì chuántǒng yìshù de liǎojiě fēicháng shǎo. Dànshì wǒ yīnwèi shòu yéye de yǐngxiǎng, cóngxiǎo jiù duì jīngjù tèbié gǎn xìngqù.
Dùbiān:	Nà nǐ yídìng shì gè jīngjùmí le!
Wáng Fēng:	Duì a. Lìngwài, wǒ hái xǐhuan kūnqǔ ne. Zuìjìn zài wǎngshàng kàndào Zhōng-Rì yǎnyuán yìqǐ yǎn kūnqǔ《Mǔdāntíng》de bàodào, tǐng yǒuyìsi de.
Dùbiān:	Zhēn de ma? Rìběn de zhǔyào yǎnyuán shì shuí?
Wáng Fēng:	Shì Bǎndōng Yùsānláng.
Dùbiān:	Wǒ tīngshuōguò tā, tā shì Rìběn hěn yǒumíng de gēwǔjì yǎnyuán.
Wáng Fēng:	Guàibude wǎngshàng shuō, tā shì Rìběn guóbǎojí gēwǔjì dàshī.《Mǔdāntíng》jīhū shì měi gè kūnqǔ dànjué yǎnyuán de bìxiūkè, néng yǎnhǎo zhǔyào juésè Dù Lìniáng de yǎnyuán tèbié shǎo, dànshì zhè cì hézuò yǎnchū zhōng, Bǎndōng Yùsānláng de biǎoyǎn tèbié jīngcǎi. Yǒu zhuānjiā pínglùn shuō, tā quèshí shì yígè wěidà de yǎnyuán.
Dùbiān:	Tā zhēn de hěn liǎobuqǐ. Rìběn de gēwǔjì yǎnyuán

	xuéxí Zhōngguó de kūnqǔ yídìng hěn nán ba.
Wáng Fēng:	Kěbùshi. Tīngshuō Bǎndōng Yùsānláng hěn zǎo jiù kāishǐ liǎojiě Zhōngguó wénhuà. Tā dú le 《Lúnyǔ》《Mèngzǐ》《Zhuāngzǐ》hé《Lǎozǐ》, hái jīhū měi tiān dǎ yí gè bàn xiǎoshí de guójì chángtú dào Běijīng, ràng dǎoyǎn gěi tā jiǎngjiě 《Mǔdāntíng》měi yí jù chàngcí de yìsi.
Dùbiān:	Tā zhēnshi xiàle dà gōngfu le. Kūnqǔ shì yòng pǔtōnghuà chàng de ma?
Wáng Fēng:	Bú shì, shì Sūzhōuhuà. Suǒyǐ, Bǎndōng xiānsheng liànxí fā yīn shí fēicháng nǔlì.
Dùbiān:	Tā tài yǒu jìngyè jīngshén la, zhídé wǒmen zūnjìng.
Wáng Fēng:	Quèshí shì. Bǎndōng xiānsheng xǐhuan biǎoyǎn yě shòudàole jiātíng yǐngxiǎng, hěn xiǎo de shíhou tā jiù chángcháng tīng fùqīn jiǎng Zhōngguó jīngjù hé Méi Lánfāng, duì Zhōngguó xìqǔ hé wénhuà yǒu yí fèn tèshū de gǎnqíng.
Dùbiān:	Méi Lánfāng? Wǒ tīngshuōguò, tā shì Zhōngguó zuì yǒumíng de jīngjù biǎoyǎn yìshùjiā.
Wáng Fēng:	Hái yīnggāi jiāshàng liǎng gè zì: "zhī yī". Zuìjìn zhènghǎo yǒu yí bù guānyú Méi Lánfāng de diànyǐng shàngyìng, yǒu shíjiān wǒmen yìqǐ qù kàn ba.
Dùbiān:	Hǎo a! Lǐmiàn yídìng yǒu wǒ xǐhuan de jīngjù.
Wáng Fēng:	Nǐ duì jīngjù de míliàn yǐjīng kuài chāoguò wǒ la!

课文一听说练习

听后根据录音复述并写出听到的句子

(1) _____

(2) _____

(3) _____

(4) _____

(5) _____

(6) _____

(7) _____

(8) _____

(9) _____

(10) _____

三、语言点及练习

（一）要不京剧怎么被称为中国的国粹呢？

"被(A)V+为/做/成＋B"表示B是A受动作支配而达到的结果。能这样与"被"配合使用的"V"还有"评(为)、作(为)、选(为)、看(成)、当(做)"等等，"A"常常省略。

「被(A)V+为/做/成＋B」は、BはAの支配を受けて(⇒BはAによって)達成された結果をあらわします。このような「被」と組み合わせて用いられる「V」には、「评(为)、作(为)、选(为)、看(成)、当(做)」などがあり、「A」はしばしば省略されます。

1. 听录音,仿照例子完成下面的句子

(1) 姚明被称为小巨人。

(2) 那本书被评为_____。

(3) 他被同学们选为_____。

(4) 我被大家看成了_____。

2. 任务练习1:小小演说家

下面是演讲的题目,请你进行简短的演讲。
如果我被选为班长,……

3. 任务练习2:小导游

假如你是一个导游,用"被(A)V+为/做/成+B"进行介绍,如"欢迎你们来日本看樱花,樱花被称为日本的国花。"

(二) 但是我因为受爷爷的影响,从小就对京剧特别感兴趣。

"从小"表示从年纪小的时候,经常和"就"搭配使用。
「从小」は幼いときからということをあらわし、多くは「就」と組み合わせて用います。

1. 听录音,仿照例子完成下面的句子

(1) 好习惯要从小培养。

(2) 他俩从小＿＿＿＿＿＿＿＿,是要好的朋友。

(3) 我从小＿＿＿＿＿＿＿＿。

(4) 他从小＿＿＿＿＿＿＿＿,长大以后也没什么变化。

2. 任务练习:采访

请你采访你的同学,了解他/她从小就有的习惯,把采访结果写在下表中。

谁	习惯

第23课　传统艺术其实挺美的

(三) 他太有敬业精神啦，值得我们尊敬。

　　"值得"表示有好处，有意义，有价值，后面接动词或动词结构。
　　「值得」は、よいところ、意義、価値があることをあらわし、後ろに動詞あるいは動詞構造が続きます。

1. 听录音，仿照例子完成下面的句子

　　(1) 我觉得杭州值得去。

　　(2) 这个机会不错，值得　　　　　。

　　(3) 这个问题值得　　　　　。

　　(4) 王教授值得　　　　　。

2. 任务练习：我想试一试

　　下面哪些事情是你认为值得试一试的，为什么？你也可以自己补充。

蹦极　　　　参加唱歌比赛　　当演员　　写一本书
当班长　　　HSK考试　　　　……

(四) 渡边听说梅兰芳是中国最有名的京剧表演艺术家之一。

　　"之一"是"其中的一个"的意思。
　　「之一」は、その中のひとつという意味です。

1. 听录音，仿照例子完成下面的句子

　　(1) 苹果是我最喜欢的水果之一。

　　(2) 中国是　　　　　　　之一。

　　(3) 游泳是　　　　　　　之一。

　　(4) 昆明是　　　　　　　之一。

2. 任务练习：采访

采访你的同桌，然后填表。例如，京都是我最喜欢的地方之一，因为京都的环境非常美。

A	B	因为
	地方	
	人	
	老师	
	书	
	电影	
	明星	
	运动	
	职业	
	城市	

四、课文二及练习

　　王峰跟渡边一起看完电影《霸王别姬》之后，边走边聊。渡边觉得电影里的京剧很有味儿，演员也很漂亮，尤其是服装，更是美极了。他说，日本的歌舞伎跟中国的京剧一样，也是一种优美的传统艺术。

　　日本的年轻人对传统的艺术越来越不关心，他们更喜欢现代艺术。中国的年轻人也一样，对传统艺术的了解非常少。但是因为受爷爷的影响，王峰从小就对京剧特别感兴趣。

　　王峰最近在网上看到了一篇中日演员合演昆曲《牡丹亭》的报道。日本的主要演员是坂东玉三郎，他是日本国宝级歌舞伎大师。《牡丹亭》几乎是每个昆曲旦角演员的必修课，能演

第23课 传统艺术其实挺美的

好主要角色杜丽娘的演员特别少。在这次合作演出中,坂东玉三郎的表演特别精彩。听说他很早就开始了解中国文化,读了《论语》《孟子》《庄子》和《老子》,还几乎每天都打一个半小时的国际长途电话到北京,让导演给他讲解《牡丹亭》中每一句唱词的意思。昆曲是用苏州话唱的,坂东先生非常努力地练习发音。

渡边听说梅兰芳是中国最有名的京剧表演艺术家之一。最近正好有一部关于梅兰芳的电影上映,王峰邀请渡边一起去看。

Wáng Fēng gēn Dùbiān yìqǐ kànwán diànyǐng《Bàwáng Bié Jī》zhīhòu, biān zǒu biān liáo. Dùbiān juéde diànyǐng lǐ de jīngjù hěn yǒuwèir, yǎnyuán yě hěn piàoliang, yóuqí shì fúzhuāng, gèng shì měijí le. Tā shuō, Rìběn de gēwǔjì gēn Zhōngguó de jīngjù yíyàng, yě shì yì zhǒng yōuměi de chuántǒng yìshù.

Rìběn de niánqīngrén duì chuántǒng de yìshù yuèláiyuè bù guānxīn, tāmen gèng xǐhuan xiàndài yìshù. Zhōngguó de niánqīngrén yě yíyàng, duì chuántǒng yìshù de liǎojiě fēicháng shǎo. Dàn shì yīnwèi shòu yéye de yǐngxiǎng, Wáng Fēng cóngxiǎo jiù duì jīngjù tèbié gǎn xìngqù.

Wáng Fēng zuìjìn zài wǎng shàng kàndàole yì piān Zhōng-Rì yǎnyuán héyǎn kūnqǔ《Mǔdāntíng》de bàodào. Rìběn de zhǔyào yǎnyuán shì Bǎndōng Yùsānláng, tā shì Rìběn guóbǎojí gēwǔjì dàshī.《Mǔdāntíng》jīhū shì měi gè kūnqǔ dànjué yǎnyuán de bìxiūkè, néng yǎnhǎo zhǔyào juésè Dù Lìniáng de yǎnyuán tèbié shǎo. Zài zhè cì hézuò yǎnchū zhōng, Bǎndōng Yùsānláng de biǎoyǎn tèbié jīngcǎi. Tīngshuō tā hěn zǎo jiù kāishǐ liǎojiě Zhōngguó wénhuà, dúle《Lúnyǔ》《Mèngzǐ》《Zhuāngzǐ》hé《Lǎozǐ》, hái jīhū měi tiān dōu dǎ yí gè bàn xiǎoshí de guójì chángtú diànhuà dào Běijīng, ràng dǎoyǎn gěi tā jiǎngjiě《Mǔdāntíng》zhōng měi yí jù chàngcí de yìsi. Kūnqǔ shì yòng

Sūzhōuhuà chàng de, Bǎndōng xiānsheng fēicháng nǔlì de liànxí fā yīn.

　　Dùbiān tīngshuō Méi Lánfāng shì zhōngguó zuì yǒumíng de jīngjù biǎoyǎn yìshùjiā zhī yī. Zuìjìn zhènghǎo yǒu yí bù guānyú Méi Lánfāng de diànyǐng shàngyìng, Wáng Fēng yāoqǐng Dùbiān yìqǐ qù kàn.

课文二练习

1. 先听一遍录音,然后填空

　　王峰跟渡边＿＿＿＿＿＿＿看完电影《霸王别姬》之后,边走边聊。渡边觉得电影里的京剧很有味,演员也很漂亮,＿＿＿＿＿＿＿是服装,更是美极了。他说,日本的歌舞伎跟中国的京剧＿＿＿＿＿＿＿,也是一种优美的传统艺术。

　　日本的年轻人对传统的艺术＿＿＿＿＿＿＿不关心,他们更喜欢现代艺术。中国的年轻人也一样,对传统艺术的了解非常少。但是因为＿＿＿＿＿＿＿爷爷的影响,王峰＿＿＿＿＿＿＿就对京剧特别感兴趣。

　　王峰最近在网上看到了一篇中日演员合演昆曲《牡丹亭》的＿＿＿＿＿＿＿。日本的主要演员是坂东玉三郎,他是日本国宝级歌舞伎大师。《牡丹亭》＿＿＿＿＿＿＿是每个昆曲旦角演员的必修课,能演好主要角色杜丽娘的演员＿＿＿＿＿＿＿少。在这次合作演出中,坂东玉三郎的表演特别＿＿＿＿＿＿＿。听说他很早就开始了解中国文化,读了《论语》《孟子》《庄子》和《老子》,还几乎每天都打一个半小时的国际长途电话到北京,＿＿＿＿＿＿＿导演给他讲解《牡丹亭》中每一句唱词的意

思。昆曲是用苏州话唱的,坂东先生非常努力地练习发音。

渡边听说梅兰芳是中国最_____的京剧表演艺术家之一。最近正好有一部_____梅兰芳的电影上映,王峰邀请渡边一起去看。

2. 再听一遍录音,然后填表

听第一段录音,填写下面的表格。

京剧的特点	
歌舞伎的特点	

听第二段录音,填写下面的表格。

中日年轻人对传统艺术的态度	
王峰对传统艺术的态度	

听第三段录音,填写下面的表格。

坂东玉三郎的情况	
坂东玉三郎表演情况	
坂东玉三郎准备情况	读:
	电话:
	发音:

3. 连词成句

(1) 的 年轻人 日本 对 的 越来越 关心 传统 艺术 不

_____

(2) 演出 在 中 这次 合作 精彩 坂东玉三郎 表演 特别 的

_____。

(3) 梅兰芳 最 是 有名 京剧 之一 中国 的 表演 艺术家

_____。

4. 试着根据练习2的表格复述课文

五、综合练习

词汇练习

1. 组词（两个或三个）

例：书　～本/图～/～店

演 _____　　　大 _____

话 _____　　　敬 _____

特 _____　　　色 _____

2. 词语搭配

报道_____　　精彩_____　　伟大_____

练 _____　　迷 _____　　拍 _____

特殊_____　　现代_____　　兴趣_____

付出_____　　值得_____　　传统_____

第23课　传统艺术其实挺美的

3. 选词填空

> 几乎　　合作　　评论　　迷恋　　特殊　　超过

(1) 在最后的150米，我_____了小王，跑了第一名。

(2) 她从小就_____歌舞伎。

(3) 虽然他在日本长大，但因为他在中国出生，所以对中国有一份_____的感情。

(4) 很多专家都_____说，这部电影太值得看了。

(5) 许多工作都需要大家互相_____才能做好。

(6) 为了准备考试，他这几天_____不睡觉进行复习。

4. 词语问答练习（回答时必须使用指定的词语）

(1) 你觉得演员这个职业怎么样？

(2) 日本的国粹有哪些？

(3) 你是什么迷？（歌迷、影迷、球迷、戏迷……）

(4) 你最喜欢的电影是哪部？说说里面的主要角色。

(5) 在日本打国际长途贵吗？

(6) 你知道什么是普通话吗？

(7) 什么样的人是有敬业精神的人？

(8) 有没有值得你尊敬的人？

(9) 最近有没有新的电影上映？

(10) 你对什么比较迷恋，为什么？

5. 生词扩展

本课与传统艺术有关的词汇有哪些？

你还知道其他与传统艺术有关的词汇吗？

课堂活动

1. 演讲

以"台上一分钟,台下十年功"为题目,进行演讲。

提示词语:

艰苦　努力　　敬业　　迷恋　　下功夫
受……影响　　对……感兴趣

2. 调查

以日本年轻人对传统艺术的了解情况为题目,做一些调查和访谈,然后在课上做一个简短的报告。调查问卷中可以涉及以下问题:

(1) 你知道哪些日本的传统艺术?
(2) 你喜欢这些传统艺术吗?为什么?
(3) 你觉得现代社会有必要保留传统艺术吗?

3. 听歌学汉语

很多流行歌曲里都有京剧的元素,欣赏并试着学唱陈升的《北京一夜》。

六、文化掠影

京剧脸谱

京剧脸谱,是具有民族特色的一种特殊的化妆方法。由于每个历史人物或某一种类型的人物都有一种大概的谱式,就像唱歌、奏乐都要按

化妆(huà zhuāng):化粧する。
谱式(pǔshì):見本。
奏乐(zòu yuè):演奏する。

第23课　传统艺术其实挺美的

照<u>乐谱</u>一样，所以称为"脸谱"。关于脸谱的来源，一般的说法是来自<u>假面具</u>。京剧脸谱艺术是广大戏曲爱好者非常喜爱的一门艺术，国内外都很流行，已经被大家公认为中华民族传统文化的<u>标识</u>。

乐谱(yuèpǔ)：楽譜。

假面具(jiǎ miànjù)：仮面。

标识(biāozhì)：標識・マーク。

想一想，聊一聊

（1）你喜欢京剧脸谱吗？说说你喜欢哪个？
（2）介绍一下日本一种最有代表性的传统艺术。
（3）在日本，一般的年轻人喜欢传统文化吗？你觉得传统文化在现代社会中还有存在的意义吗？为什么？

第24课　北京值得游览的地方太多啦

> **课前热身**
> ☞ 你喜欢旅行吗？去过哪儿？对哪个地方印象最深？
> ☞ 日本有名的地方有哪些？简单介绍一下。
> ☞ 你在中国去过哪些地方？

一、生词和短语

1. 推荐	tuījiàn	动	推薦する	～人；～书；～牌子；～方法；～电影；～信。
2. 名胜	míngshèng	名	名勝	一处～；～古迹；历史～。
3. 古迹	gǔjì	名	史跡、旧跡	一处～；参观～；保护～。
4. 及	jí	连	…と…、および	老师～学生都参加了这次会议。近义词：和、跟。
5. 其	qí	代	その	～他；～中。
6. 收藏	shōucáng	动	収集する、保存する	～文物；～邮票；～书籍；～家。
7. 基础	jīchǔ	名	基礎	打～；有～；缺少～；～扎实；～牢固；～知识；经济～。

第24课　北京值得游览的地方太多啦

8. 建立	jiànlì	动	打ち立てる、築く、確立する	～国家；～感情；～友谊。
9. 综合	zōnghé	动	総合する	～研究；～艺术；～性；～性大学。
10. 性	xìng	后缀	性	历史～；综合～；创造～；普遍～；流行～。
11. 博物馆	bówùguǎn	名	博物館	
12. 附近	fùjìn	名	近所、付近	在～；学校～；～的商店。
13. 估计	gūjì	动	推定する	～他今天回不来。近义词：预计。
14. 相当	xiāngdāng	副	かなり、相当	～好；～漂亮；～成功；～流行；～受欢迎。
15. 目前	mùqián	名	目下、現在	～的情况；～的问题。
16. 建筑	jiànzhù	名	建築	一座～；～物；～师；～艺术；古老的～；雄伟的～。
17. 完整	wánzhěng	形	完全にそろっている	～的建筑；～的蛋糕；～的课文；～的故事。
18. 价值	jiàzhí	名	価値、値打ち	有～；历史～；社会～；收藏～；保留～；人生的～。
19. 园林	yuánlín	名	庭園	一座～；漂亮的～；优美的～；古典～；～艺术。

20. 风景	fēngjǐng	名	景色、風景	一处/种~；看~；欣赏~；好看的~；奇特的~；秀丽的~。
21. 百闻不如一见	bǎi wén bùrú yí jiàn		百聞は一見にしかず	这里的风景太漂亮了,真是~啊!
22. 亲眼	qīnyǎn	副	自分の目で	~所见；~看见；亲手；亲耳；亲口；亲身；亲自。
23. 不到长城非好汉	bú dào Chángchéng fēi hǎohàn		长城に到らずんば好汉にあらず	
24. 雄伟	xióngwěi	形	雄壮で威厳がある	~的建筑；~的高山；~的长城。
25. 壮观	zhuàngguān	形	壮観だ	~的景色；~的山林；~的大海；~的建筑物。
26. 游客	yóukè	名	観光客、見物客	~很多；顾客；吃客；看客；访客；旅客。
27. 当	dāng	动	担当する、…になる	~老师；~老板。
28. 感悟	gǎnwù	动	悟る、気がつく	~人生；生活~；有~；说~；写~。
29. 适合	shìhé	动	(情况や要求に)かなう、適合する、上冊	~老人；~孩子；~情况；很~；近义词:合适。
30. 发展	fāzhǎn	动	発展する	~经济；~教育；~新成员；~中国家。

第24课　北京值得游览的地方太多啦

31. 标记	biāojì	名	標識、記号、マーク	特殊的~；明显的~；做~。
32. 古老	gǔlǎo	形	長い歴史を持つ	~的城市；~的建筑；反义词：现代。
33. 忙碌	mánglù	形	色々なことをして忙しい	~的人；~的生活；忙忙碌碌。
34. 提前	tíqián	动	（予定の時間や時期を）繰り上げる	~开会；~结束；~下课；~半小时。
35. 由于	yóuyú	介	…なので	~她学习努力，成绩提高得很快。

专　名

1. 颐和园	Yíhé Yuán	頤和園
2. 天坛	Tiān Tán	天壇
3. 圆明园	Yuánmíng Yuán	円明園
4. 地坛	Dì Tán	地壇
5. 十三陵	Shísān Líng	明の十三陵
6. 鸟巢	Niǎocháo	鳥の巣（北京五輪のメインスタジアム）

二、课文一及练习

（暑假快到了，渡边想利用假期好好在北京玩一玩，他找到王峰，希望王峰给他推荐一些好玩儿的地方。）

渡　边：王峰，假期我打算在北京好好玩玩儿，你能帮我推荐一些地方吗？

王　峰：当然可以了。北京可是中国的首都，全国政治、文化

和国际交流的中心,是中国第二大城市,又有3000多年的历史,是世界历史文化名城和中国四大古都之一,当然有许多名胜古迹值得游览。我觉得你首先应该去的是故宫。故宫是在明、清两代皇宫及其收藏的基础上建立起来的综合性博物馆。

渡　边:那我一定得去参观一下。故宫离北京大学远吗?

王　峰:比较远,在北京市中心。那附近还有许多好玩的地方,估计你一天都逛不完。

渡　边:太好了,我可以在附近多玩几天。

王　峰:颐和园也相当不错,离北大比较近,是目前世界上建筑规模最大、保存最完整、文化价值最高的皇家园林。颐和园有山、有水,风景非常美。

渡　边:以前在电影里见过颐和园,百闻不如一见,我一定得去亲眼看一看。还有呢?

王　峰:还有长城也是非去不可的。

渡　边:我知道中国有一句话:"不到长城非好汉",对不对?

王　峰:对啊,长城非常雄伟、壮观,听说是外国游客最想去的地方之一。

渡　边:这可是关系到能不能当"好汉"的大事。

王　峰:哈哈!对了,我觉得你还应该去天坛看看。天坛是明朝和清朝皇帝祭天、求雨和祈祷丰年的地方。天坛不但是游览的地方,而且在那儿可以感悟、思考一些问题。所以天坛比较适合一个人去。

渡　边:好,我会听你的建议,去那儿边游览边思考。

王　峰:当然,如果你有时间的话,还可以去圆明园、地坛、十三陵这些地方。不过,我刚才给你介绍的都是历史名

第24课　北京值得游览的地方太多啦

胜,其实北京已经发展成为一座现代化的国际大都市了,一些现代化的建筑,比如"鸟巢""水立方"等,现在都成了北京的新标记,值得一看。

渡　边:听你这么一说,北京真是一座古老又充满活力的现代化城市,值得游览的地方太多了。谢谢你给我推荐了这么多好地方,我相信我的假期一定会非常忙碌又非常愉快的!

王　峰:别客气。你有什么问题可以随时跟我联系。提前祝你假期愉快!

(Shǔjià kuài dào le, Dùbiān xiǎng lìyòng jiàqī hǎohǎo zài Běijīng wányiwán, tā zhǎodào Wáng Fēng, xīwàng Wáng Fēng gěi tā tuījiàn yìxiē hǎowánr de dìfang.)

Dùbiān: Wáng Fēng, jiàqī wǒ dǎsuan zài Běijīng hǎohǎo wánwánr, nǐ néng bāng wǒ tuījiàn yìxiē dìfang ma?

Wáng Fēng: Dāngrán kěyǐ le. Běijīng kě shì Zhōngguó de shǒudū, quánguó zhèngzhì、wénhuà hé guójì jiāoliú de zhōngxīn, shì Zhōngguó dì-èr dà chéngshì, yòu yǒu sānqiān duō nián de lìshǐ, shì shìjiè lìshǐ wénhuà míngchéng hé Zhōngguó sì dà gǔdū zhī yī, dāngrán yǒu xǔduō míngshèng gǔjì zhídé yóulǎn. Wǒ juéde nǐ shǒuxiān yīnggāi qù de shì Gùgōng. Gù Gōng shì zài Míng、Qīng liǎng dài huánggōng jí qí shōucáng de jīchǔ shàng jiànlì qǐlái de zōnghéxìng bówùguǎn.

Dùbiān: Nà wǒ yídìng děi qù cānguān yíxià. Gù Gōng lí Běijīng Dàxué yuǎn ma?

Wáng Fēng: Bǐjiào yuǎn, zài Běijīng shìzhōngxīn. Nà fùjìn hái yǒu xǔduō hǎowán de dìfang, gūjì nǐ yì tiān dōu guàngbuwán.

Dùbiān: Tài hǎo le, wǒ kěyǐ zài fùjìn duō wán jǐ tiān.

Wáng Fēng: Yíhé Yuán yě xiāngdāng búcuò, lí Běidà bǐjiào jìn, shì mùqián shìjiè shàng jiànzhù guīmó zuì dà、bǎocún zuì wánzhěng、wénhuà jiàzhí zuì gāo de huángjiā yuánlín. Yíhé Yuán yǒu shān、yǒu shuǐ, fēngjǐng fēicháng měi.

Dùbiān: Yǐqián zài diànyǐng lǐ jiànguò Yíhé Yuán, bǎi wén bù rú yí jiàn, wǒ yídìng děi qù qīnyǎn kànyikàn. Hái yǒu ne?

Wáng Fēng: Hái yǒu Chángchéng yě shì fēi qù bù kě de.

Dùbiān: Wǒ zhīdào Zhōngguó yǒu yí jù huà: "Bú dào Chángchéng fēi hǎohàn", duìbuduì?

Wáng Fēng: Duì a, Chángchéng fēicháng xióngwěi、zhuàngguān, tīngshuō shì wàiguó yóukè zuì xiǎng qù de dìfang zhī yī.

Dùbiān: Zhè kěshì guānxi dào néngbunéng dāng "hǎohàn" de dà shì.

Wáng Fēng: Hā hā! Duì le, wǒ juéde nǐ hái yīnggāi qù Tiān Tán kànkan. Tiān Tán shì Míngcháo hé Qīngcháo huángdì jì tiān、qiú yǔ hé qídǎo fēngnián de dìfang. Tiān Tán bùjǐn shì yóulǎn de dìfang, érqiě zài nàr kěyǐ gǎnwù、sīkǎo yìxiē wèntí. Suǒyǐ Tiān Tán bǐjiào shìhé yí gè rén qù.

Dùbiān: Hǎo, wǒ huì tīng nǐ de jiànyì, qù nàr biān yóulǎn biān sīkǎo.

Wáng Fēng: Dāngrán, rúguǒ nǐ yǒu shíjiān dehuà, hái kěyǐ qù Yuánmíng Yuán、Dì Tán、Shísān Líng zhèxiē dìfang. Bú guò, wǒ gāngcái gěi nǐ jièshào de dōu shì lìshǐ míngshèng, qíshí Běijīng yǐjīng fāzhǎn chéngwéi yí zuò xiàndàihuà de guójì dà dūshì le, yìxiē xiàndàihuà de jiànzhù, bǐrú "Niǎocháo" "Shuǐlìfāng" děng, xiànzài dōu chéngle Běijīng de xīn biāojì, zhídé yí kàn.

第24课　北京值得游览的地方太多啦

Dùbiān： Tīng nǐ zhème yì shuō, Běijīng zhēn shì yí zuò gǔlǎo yòu chōngmǎn huólì de xiàndàihuà chéngshì, zhídé yóulǎn de dìfang tài duō le. Xièxie nǐ gěi wǒ tuījiànle zhème duō hǎo dìfang, wǒ xiāngxìn wǒ de jiàqī yídìng huì fēicháng mánglù yòu fēicháng yúkuài de!

Wáng Fēng： Bié kèqi. Nǐ yǒu shénme wèntí kěyǐ suíshí gēn wǒ liánxì. Tíqián zhù nǐ jiàqī yúkuài!

课文一听说练习

听后根据录音复述并写出听到的句子

(1) _____
(2) _____
(3) _____
(4) _____
(5) _____
(6) _____
(7) _____
(8) _____
(9) _____
(10) _____

三、语言点及练习

（一）我一定得去亲眼看一看。

"亲"意思为"亲自"，常跟表示身体某一部分的"眼、耳、口、手"等结合，构成副词，作状语，强调行为动作是由某人直接发出的。

「親」は「自ら」という意味で、身体のある部分を表す「眼、耳、口、手」などと結びつくことが多く、副詞を構成し、連用修飾語となります。動作行為がある人から直接出されたことであることを強調します。

1. 听录音,仿照例子完成下面的句子

（1）欢迎你到家乡去,亲眼看看那里巨大的变化。

（2）我想亲耳_____。

（3）他亲口说_____。

（4）_____是妈妈亲手_____。

2. 选词填空

亲耳　　亲眼　　亲手　　亲口

（1）不是_____看到,我真不敢相信这么漂亮的女孩是小偷。

（2）节假日父亲总是下厨房,_____给我们烧菜。

（3）我_____听到他们俩分手的消息。

（4）老师_____对我说,他明天的课不上了。

（二）还有长城也是非去不可的。

"非……不可"有"必须、一定要"的意思,如：
（1）爸爸,为什么我非读书不可？
（2）买火车票的事非你不可。

第24课　北京值得游览的地方太多啦

"非……不可"还有"肯定会、不可能不"的意思,如:
(3) 这么冷的天穿这么少衣服,非感冒不可。
「非～不可」は、「必ず、絶対に」の意味をもちます。
また、「非……不可」には、「ちがいない、はずはない」の意味もあります。

1. 听录音,仿照例子完成下面的句子

(1) 学习一门新的语言非下苦功夫不可。

(2) ＿＿＿＿＿＿＿＿＿＿,非要不可。

(3) 他下决心,非＿＿＿＿＿＿＿不可。

(4) 你每天加班,非＿＿＿＿＿＿＿不可。

2. 任务练习:小编剧

两人一组,根据对话(1),用"非……不可"编一段对话。
(1) 非去不可
　　妻子:你怎么这么晚才回来?
　　丈夫:没办法,朋友喝酒,非要我去不可。
(2) 非生病不可
(3) 非努力不可
(4) 非你不可

(三) 天坛不但是游览的地方,而且在那儿可以感悟、思考一些问题。

"不但……而且……"连接两个并列的单句,表示除所说的意思之外还有更进一层的意思。
「不但～而且～」は、並列する二つの短文を接続し、前件で述べたことの他に、より進んだレベルの後件があることをあらわします。

1. 听录音,仿照例子完成下面的句子

(1) 渡边不但会说英语,而且还会说韩语。

(2) 今天的天气不但热,而且_____。

(3) 他不但自己努力学习,而且_____。

(4) 这不但是你个人的事,而且_____。

2. 任务练习:采访

请你就下面的问题采访你的同学。

(1) 你不但想吃_____ 而且还想吃_____。

(2) 你不但想喝_____ 而且还想喝_____。

(3) 你不但想做_____ 而且还想做_____。

(4) 你不但想玩_____ 而且还想玩_____。

(5) 你不但想听_____ 而且还想听_____。

(6) 你不但想学_____ 而且还想学_____。

(四) 你有什么问题可以随时跟我联系。

"随时"表示在任何时间。
「随时」は、いかなる時間をあらわします。

1. 听录音,仿照例子完成下面的句子

(1) 需要帮助的话,你随时都可以给我打电话。

(2) 他的病随时_____。

第24课　北京值得游览的地方太多啦

（3）有什么情况随时 _____ 。

（4）_____ ，乘客可以随时 _____ 。

2. 用"随时"改写下面的句子

（1）午餐已经准备好了，你什么时候都可以吃。
（2）大家已经到齐了，什么时候都可以出发。
（3）医院24小时有医生值班，病人什么时候都能得到医治。
（4）电器出了问题，他什么时候都可以上门修理。
（5）他把家里人的照片放在书桌上，什么时候都可以看见。

四、课文二及练习

　　快放假了，渡边打算利用这段时间在北京好好玩玩儿，请王峰推荐一些地方。王峰说，北京是中国的首都，是全国政治、文化和国际交流的中心，是中国第二大城市，又有3000多年的历史，是世界历史文化名城和中国四大古都之一，有许多名胜古迹值得游览。他觉得渡边首先应该去的是故宫，附近还有很多好玩儿的地方，估计一天都逛不完。渡边很高兴，他说可以在故宫附近多玩几天。

　　王峰又给渡边推荐了颐和园，他说颐和园也相当不错，离北大比较近，是目前世界上建筑规模最大、保存最完整、文化价值最高的皇家园林。颐和园有山、有水，风景非常美。另外，他还推荐了长城，长城非常雄伟、壮观，是外国游客最想去的地方。渡边也知道一句关于长城的名言"不到长城非好汉"，所以，他一定要去长城参观。

　　王峰还推荐了天坛，说在那儿不但可以游览，而且可以感悟、思考一些问题，比较适合一个人去。如果有时间的话，他

建议渡边还可以去圆明园、地坛、十三陵这些地方。另外，由于北京已经发展成为一座现代化的国际大都市了，一些现代化的建筑，比如"鸟巢""水立方"等，现在都成为了北京的新标记，也值得一看。

渡边非常感谢王峰给推荐了这么多好玩儿的地方，他相信自己的假期一定会非常忙碌，也会非常愉快。

Kuài fàng jià le, Dùbiān dǎsuan lìyòng zhè duàn shíjiān zài Běijīng hǎohǎo wánwánr, qǐng Wáng Fēng tuījiàn yìxiē dìfang. Wáng Fēng shuō, Běijīng shì Zhōngguó de shǒudū, shì quánguó zhèngzhì、wénhuà hé guójì jiāoliú de zhōngxīn, shì Zhōngguó dì-èr dà chéngshì, yòu yǒu sānqiān duō nián de lìshǐ, shì shìjiè lìshǐ wénhuà míngchéng hé Zhōngguó sì dà gǔdū zhī yī, yǒu xǔduō míngshèng gǔjì zhídé yóulǎn. Tā juéde Dùbiān shǒuxiān yīnggāi qù de shì Gù Gōng, fùjìn hái yǒu hěn duō hǎowánr de dìfang, gūjì yì tiān dōu guàng bù wán. Dùbiān hěn gāoxìng, tā shuō kěyǐ zài Gù Gōng fùjìn duō wán jǐ tiān.

Wáng Fēng yòu gěi Dùbiān tuījiànle Yíhé Yuán, tā shuō Yíhé Yuán yě xiāngdāng búcuò, lí Běidà bǐjiào jìn, shì mùqián shìjiè shàng jiànzhù guīmó zuì dà、bǎocún zuì wánzhěng、wénhuà jiàzhí zuì gāo de huángjiā yuánlín. Yíhé Yuán yǒu shān、yǒu shuǐ, fēngjǐng fēicháng měi. Lìngwài, tā hái tuījiànle Chángchéng, Chángchéng fēicháng xióngwěi、zhuàngguān, shì wàiguó yóukè zuì xiǎng qù de dìfang. Dùbiān yě zhīdào yí jù guānyú Chángchéng de míngyán "Bú dào Chángchéng fēi hǎohàn", suǒyǐ, tā yídìng yào qù Chángchéng cānguān.

Wáng Fēng hái tuījiànle Tiān Tán, shuō zài nàr bùjǐn kěyǐ yóulǎn, érqiě kěyǐ gǎnwù、sīkǎo yìxiē wèntí, bǐjiào shìhé yí gè rén qù. Rúguǒ yǒu shíjiān dehuà, tā jiànyì Dùbiān hái kěyǐ qù Yuánmíng Yuán、Dì Tán、Shísān Líng zhèxiē dìfang. Lìngwài, yóuyú Běijīng yǐjīng fāzhǎn chéngwéi yí zuò xiàndàihuà de guójì dà dūshì le, yìxiē xiàndàihuà de

第24课　北京值得游览的地方太多啦

jiànzhù, bǐrú "Niǎocháo" "Shuǐlìfāng" děng, xiànzài dōu chéngwéile Běijīng de xīn biāojì, yě zhídé yí kàn.

　　Dùbiān fēicháng gǎnxiè Wáng Fēng gěi tuījiànle zhème duō hǎowánr de dìfang, tā xiāngxìn zìjǐ de jiàqī yídìng huì fēicháng mánglù, yě huì fēicháng yúkuài.

课文二练习

1. 先听一遍录音，然后填空

　　快放假了，渡边打算_____这段时间在北京好好玩玩儿，请王峰_____一些地方。王峰说，北京是中国的_____，是全国政治、文化和国际交流的_____，是中国第二大城市，又有3000多年的历史，是世界历史文化名城和中国四大古都_____，有许多名胜古迹值得游览。他觉得渡边首先应该去的是故宫，附近还有很多好玩的地方，估计一天都_____不完。渡边很高兴，他说可以在故宫附近多_____几天。

　　王峰又给渡边_____了颐和园，他说颐和园也相当不错，_____北大比较近，是目前世界上建筑规模最大、保存最完整、文化价值最高的皇家园林博物馆。颐和园有山、有水，_____非常美。另外，他还推荐了长城，长城非常_____、壮观，是外国游客最想去的地方。渡边也知道一句关于长城的名言"不到长城非好汉"，所以，他一定要去长城_____。

　　王峰还推荐了天坛，说在那儿_____可以游览，而且

可以感悟、思考一些问题,比较适合一个人去。_____有时间的话,他建议渡边还可以去圆明园、地坛、十三陵这些地方。另外,由于北京已经发展成为一座_____化的国际大都市了,一些现代化的建筑,比如"鸟巢""水立方"等,现在都成为了北京的新标记,也_____一看。

渡边非常感谢王峰给推荐了这么多好玩的地方,他相信自己的假期一定会非常忙碌,也会非常愉快。

2. 再听一遍录音,然后填表

听第一段录音,填写下面的表格。

北京的特点	
首先应该去的地方	

听第二段录音,填写下面的表格。

颐和园的特点	
长城的特点	

听第三段录音,填写下面的表格。

天坛的特点	
北京的现代化标记	

3. 连词成句

(1) 段 利用 渡边 打算 北京 这 在 好好 时间 玩玩儿

_____。

第24课　北京值得游览的地方太多啦

（2）水　颐和园　有　有　风景　美　山　非常

_____。

（3）假期　他　自己　的　会　忙碌　相信　一定　非常

_____。

4. 试着根据练习2的表格复述课文

五、综合练习

词汇练习

1. 组词（两个或三个）

例：书　~本/图~/~店

观 _____　　伟 _____

相 _____　　客 _____

发 _____　　立 _____

2. 词语搭配

推荐_____　　建立_____　　适合_____

忙碌_____　　提前_____　　收藏_____

利用_____　　历史_____　　游览_____

思考_____　　充满_____　　珍贵_____

3. 选词填空

> 及其　　附近　　相当　　提前　　由于

(1) _____ 中日关系发展越来越好,到中国留学的日本学生也越来越多。

(2) 京都的风景_____漂亮,非常值得一看。

(3) 你能给我推荐一个学校_____的饭馆吗?

(4) 旅行前一定要_____准备好各种物品。

(5) 这不过是某些单位_____工作人员的"个别行为"。

4. 词语问答练习(回答时必须使用指定词语)

(1) 你能给同学推荐一本书吗?

(2) 你能给我介绍日本的名胜古迹吗?

(3) 你喜欢收藏吗?

(4) 学校附近有哪些好吃的饭馆?

(5) 你喜欢什么样的建筑,是古代的还是现代的?

(6) 介绍一处值得看的风景。

(7) 你去过什么地方,觉得百闻不如一见?

(8) 不到长城非好汉是什么意思? 在日本有没有这样的地方?

(9) 在什么地方可以感悟、思考一些问题?

(10) 你认为什么颜色的衣服适合你穿?

5. 生词扩展

本课与旅行有关的词汇有哪些?
你还知道其他与旅行有关的词汇吗?

第24课　北京值得游览的地方太多啦

> 课堂活动

1. 我推荐……

　　四个人一组,请你推荐一个最值得旅行的地方,说明理由。然后全班同学投票决定谁是最佳推荐人。

2. 小辩论

　　辩题:一个人旅行好还是跟旅行团一起旅行好
　　正方:一个人旅行比跟旅行团好
　　反方:跟旅行团旅行比一个人好

3. 制定旅行计划

　　假如你的中国朋友想到日本旅行,请你为他/她制定一份旅行计划。

4. 学唱《北京欢迎你》

> 六、文化掠影

上海

　　上海是中国的四个<u>直辖市</u>之一,也是中国的经济、金融、贸易和航运中心。有超过2000万人口居住和生活在上海地区,通行上海话。
　　上海也是一座新兴的旅游<u>目的地</u>城市,它有着深厚的文化<u>底蕴</u>和众

直辖市(zhíxiáshì):〈政〉直辖市、中央政府が直接に管轄する市。

目的地(mùdìdì):目的地。
底蕴(dǐyùn):詳細、いきさつ。

多的历史古迹,如上海的地标——浦西的外滩和新天地。而在一江之隔的浦东,也呈现出另一番繁华景象:东方明珠广播电视塔与金茂大厦、上海环球金融中心等建筑共同组成了全球最壮丽的天际线之一,而2016年建成的上海中心大厦,也为"东方巴黎"添上了灿烂的一笔。

  今日的上海,不但是中国重要的科技、贸易、金融和信息中心,更是一个世界文化荟萃之地。上海已经发展成为一个国际化大都市。并致力于建设成为国际金融中心和航运中心。

  2010年上海世博会是世博会历史上首次在发展中国家举办的综合性世博会,主题是"城市,让生活更美好"。上海世博会的园区面积、参展规模、游客人数等都是历届世博会之最。

地标（dìbiāo）：ランドマーク。

外滩（wàitān）：外灘。

繁华（fánhuá）：（町や市街などが）にぎやかである。

灿烂（cànlàn）：煌びやかに輝く。

荟萃（huìcuì）：〈书〉（えり抜きの人物や品物が）一か所に集まる。

致力于（zhìlìyú）：取り込む。

想一想,聊一聊

（1）上海的世博会有什么特点?
（2）你去过上海吗？上海有哪些有名的地方？
（3）你对中国哪个地方印象最深？

词语表

A			
阿姨	āyí	名	19
爱护	àihù	动	21
安静	ānjìng	形	22
安排	ānpái	动/名	16
安全感	ānquángǎn	名	20
安慰	ānwèi	动/名	15
按照	ànzhào	动	15

B			
白日梦	báirìmèng	名	21
百闻不如一见	bǎi wén bùrú yí jiàn		24
摆	bǎi	动	22
拜年	bài nián		22
办	bàn	动	15
伴	bàn	名	20
拌	bàn	动	18
傍晚	bàngwǎn	名	22
包子	bāozi	名	18
保存	bǎocún	动	13
保守	bǎoshǒu	形	20

保修期	bǎoxiūqī	名	17
报案	bào àn		15
报道	bàodào	名	23
报警	bào jǐng		15
本人	běnrén	代	15
比如	bǐrú	动	19
必修课	bìxiūkè	名	23
必有重谢	bì yǒu zhòng xiè		15
标记	biāojì	名	24
标准	biāozhǔn	名	17
表达	biǎodá	动	20
博物馆	bówùguǎn	名	24
不到长城非好汉	bú dào Chángchéng fēi hǎohàn		24
不好意思	bù hǎoyìsi		19
不如	bùrú	动	13

C

猜	cāi	动	20
材料	cáiliào	名	16
参拜	cānbài	动	22
参观	cānguān	动	13
差异	chāyì	名	19
产生	chǎnshēng	动	21
唱词	chàngcí	名	23
超过	chāoguò	动	23
炒	chǎo	动	18

成熟	chéngshú	形	20
成为	chéngwéi	动	22
充满	chōngmǎn	动	21
充值	chōng zhí		14
宠物	chǒngwù	名	21
抽签	chōu qiān		22
传统	chuántǒng	名	22
创建	chuàngjiàn	动	14
葱	cōng	名	18
从来	cónglái	副	17
聪明	cōngming	形	20
凑热闹	còu rènao		16
醋	cù	名	18

D

答复	dáfù	动/名	16
打扮	dǎban	动	21
打算	dǎsuan	名/动	13
大概	dàgài	副	21
大师	dàshī	名	23
待	dāi	动	22
担心	dān xīn		15
但是	dànshì	连	13
但愿	dànyuàn	动	15
当	dāng	动	24
导演	dǎoyǎn	名	23

导致	dǎozhì	动	17
到来	dàolái	动	22
地址	dìzhǐ	名	13
递交	dìjiāo	动	16
点击	diǎnjī	动	14
淀粉	diànfěn	名	18
电子邮件	diànzǐ yóujiàn		13
丁	dīng	名	18
豆浆	dòujiāng	名	18
堵	dǔ	动	17
堵塞	dǔsè	动	17
短信	duǎnxìn	名	13
对方	duìfāng	名	20
对象	duìxiàng	名	20

F

发	fā	动	13
发明	fāmíng	动/名	18
发现	fāxiàn	动/名	15
发展	fāzhǎn	动	24
反对	fǎnduì	动	20
方块儿	fāngkuàir	名	18
方式	fāngshì	名	14
费用	fèiyòng	名	17
分别	fēnbié	动	19
分开	fēnkāi	动	19

风景	fēngjǐng	名	24
否则	fǒuzé	连	14
服务	fúwù	动/名	14
付款	fù kuǎn		14
附件	fùjiàn	名	13
附近	fùjìn	名	24

G

赶	gǎn	动	17
赶紧	gǎnjǐn	副	15
敢	gǎn	助动	16
感受	gǎnshòu	动/名	22
感悟	gǎnwù	动	24
告辞	gàocí	动	19
个性	gèxìng	名	21
各个	gègè	形	16
各种	gèzhǒng	形	15
根据	gēnjù	介	16
公休	gōngxiū	名	22
功夫	gōngfu	名	23
恭喜发财	gōngxǐ fā cái		22
共同	gòngtóng	副	20
购物	gòu wù		14
估计	gūjì	动	24
古迹	gǔjī	名	24
古老	gǔlǎo	形	24

瓜子	guāzǐ	名	19
挂失	guà shī		15
怪不得	guàibude	副	21
关爱	guān'ài	动	21
关系	guānxì	名	21
关于	guānyú	介	14
官职	guānzhí	名	18
管	guǎn	动〈口〉	21
管道	guǎndào	名	17
光	guāng	副	18
逛	guàng	动	22
国粹	guócuì	名	23
国际长途	guójì chángtú		23
果然	guǒrán	副	22

H

害	hài	动	17
好学	hàoxué	形	18
合作	hézuò	动	23
贺卡	hèkǎ	名	20
花椒	huājiāo	名	18
花生	huāshēng	名	19
滑嫩	huánèn	形	18
缓解	huǎnjiě	动	21
灰白色	huībáisè	名	15

J

积	jī	动	17
基础	jīchǔ	名	24
鸡肉	jīròu	名	18
鸡胸肉	jíxiōngròu	名	18
及	jí	连	24
吉利	jílì	形	19
急性子	jíxìngzi	名	14
几乎	jīhū	副	23
加倍	jiābèi	副	20
价值	jiàzhí	名	24
假期	jiàqī	名	13
坚持	jiānchí	动	16
煎	jiān	动	18
捡	jiǎn	动	15
检查	jiǎnchá	动/名	17
建立	jiànlì	动	24
建议	jiànyì	名/动	13
建筑	jiànzhù	名	24
健身	jiàn shēn		16
(生)姜	(shēng) jiāng	名	18
讲解	jiǎngjiě	动	23
酱油	jiàngyóu	名	18
交流	jiāoliú	动	13
交往	jiāowǎng	动	21

浇	jiāo	动	18
节日	jiérì	名	22
结婚	jié hūn		20
截止	jiézhǐ	动	16
解决	jiějué	动	17
解释	jiěshì	动/名	14
金黄色	jīnhuángsè	名	18
进步	jìnbù	动	13
禁忌	jìnjì	名	19
京剧	jīngjù	名	23
精彩	jīngcǎi	形	23
精神	jīngshén	名	23
敬	jìng	动	19
敬业	jìngyè	形	23
就是……也……	jiù shì … yě …		13
举行	jǔxíng	动	20
聚	jù	动	13
聚会	jùhuì	名/动	13
决定	juédìng	动/名	14
角色	juésè	名	23

K

开机	kāi jī		17
开朗	kāilǎng	形	21
看来	kànlái	动	19
看重	kànzhòng	动	20

可爱	kě'ài	形	21
可不是	kěbùshi	副	23
可怜	kělián	形	21
口福	kǒufú	名	18
口号	kǒuhào	名	18
夸奖	kuājiǎng	动/名	18

L

辣椒	làjiāo	名	18
来历	láilì	名	18
懒洋洋	lǎnyángyáng	形	21
乐于	lèyú	动	21
类型	lèixíng	名	16
礼貌	lǐmào	名	19
礼物	lǐwù	名	19
理论	lǐlùn	名	18
理由	lǐyóu	名	16
立即	lìjí	副	14
连……也……	lián…yě…		22
联系	liánxì	动	15
聊天	liáo tiān		13
了不起	liǎobuqǐ	形	23
料酒	liàojiǔ	名	18
领	lǐng	动	18
流程	liúchéng	名	14
流浪	liúlàng	动	21

流行	liúxíng	形	20
留步	liú bù		19
露一手	lòu yìshǒu		18

M

忙碌	mánglù	形	24
迷	mí	名	23
迷恋	míliàn	动	23
密码	mìmǎ	名	14
名胜	míngshèng	名	24
目前	mùqián	名	24

N

拿手菜	náshǒucài	名	19
内存条	nèicúntiáo	名	17
难不倒	nánbudǎo	动	18
难为	nánwei	动	17
弄	nòng	动	14

P

派	pài	动	17
派出所	pàichūsuǒ	名	15
烹	pēng	动	18
烹饪	pēngrèn	动	18
片	piàn	名	18
篇	piān	量	13
品牌	pǐnpái	名	17
评论	pínglùn	动	23

普通话	pǔtōnghuà	名	23

Q

期限	qīxiàn	名	16
其	qí	代	24
其中	qízhōng	名	16
气氛	qìfēn	名	22
器械	qìxiè	名	16
千万	qiānwàn	副	14
前台	qiántái	名	16
强	qiáng	形	20
敲	qiāo	动	22
巧	qiǎo	形	22
切	qiē	动	18
亲戚	qīnqi	名	22
亲眼	qīnyǎn	副	24
清理	qīnglǐ	动	17
确认	quèrèn	动	14
确实	quèshí	副	14

R

人类	rénlèi	名	21
任课	rèn kè		16
日子	rìzi	名	16
如此	rúcǐ	代	15
入	rù	动	18
软	ruǎn	形	21

若干	ruògān	代	15

S

伞	sǎn	名	19
散	sàn	动	19
丧事	sāngshì	名	19
上门	shàng mén		17
上网	shàng wǎng		13
上映	shàngyìng	动	23
稍微	shāowēi	副	18
勺	sháo	名	18
社	shè	名	16
申请	shēnqǐng	名/动	14
身份	shēnfèn	名	15
实话	shíhuà	名	23
食堂	shítáng	名	15
事业	shìyè	名	21
视频	shìpín	名	13
是否	shìfǒu	副	17
适合	shìhé	动	24
适配器	shìpèiqì	名	17
收藏	shōucáng	动	24
收费	shōu fèi		17
手续	shǒuxù	名	15
疏通	shūtōng	动	17
输入	shūrù	动	14

数量	shùliàng	名	21
双方	shuāngfāng	名	16
顺利	shùnlì	形	17
送货	sòng huò		14
肃穆	sùmù	形	22
酸甜	suāntián	形	18
蒜	suàn	名	18
随时	suíshí	副	16
损失	sǔnshī	动/名	15

T

糖	táng	名	18
趟	tàng	量	15
讨价还价	tǎojià-huánjià		14
特殊	tèshū	形	23
特意	tèyì	副	19
提出	tíchū	动	15
提前	tíqián	动	24
题目	tímù	名	13
体重计	tǐzhòngjì	名	16
添	tiān	动	19
填写	tiánxiě	动	14
挑来挑去	tiāolái tiāoqù		20
挑食	tiāo shí	动	18
调	tiáo	动	18
通	tōng	动/形	17

通过	tōngguò	介	13
同意	tóngyì	动	13
团聚	tuánjù	动	22
推荐	tuījiàn	动	24
推荐信	tuījiànxìn	名	16

W

完全	wánquán	副	13
完整	wánzhěng	形	24
玩笑	wánxiào	名	20
网络	wǎngluò	名	13
围绕	wéirǎo	动	16
维修	wéixiū	动	17
伟大	wěidà	形	23
未来	wèilái	名	20
味儿	wèir	名	23
温柔	wēnróu	形	20
污垢	wūgòu	名	17
午夜	wǔyè	名	22
物业	wùyè	名	17

X

西侧	xīcè	名	15
习俗	xísú	名	22
喜新厌旧	xǐxīn-yànjiù		20
戏曲	xìqǔ	名	23
细心	xìxīn	形	15

下水道	xiàshuǐdào	名	17
吓	xià	动	19
嫌疑	xiányí	名	20
显得	xiǎnde	动	22
现金	xiànjīn	名	15
限	xiàn	动	16
相当	xiāngdāng	副	24
香脆	xiāngcuì	形	18
详细	xiángxì	形	14
享受	xiǎngshòu	动	21
项目	xiàngmù	名	16
效果	xiàoguǒ	名	13
心意	xīnyì	名	20
欣赏	xīnshǎng	动	16
信息	xìnxī	名	14
兴趣	xìngqù	名	20
幸亏	xìngkuī	副	15
性	xìng	后缀	24
雄伟	xióngwěi	形	24
修理	xiūlǐ	动	17
选择	xuǎnzé	动	13
学期	xuéqī	名	13
寻物启事	xúnwùqǐshì	名	15
询问	xúnwèn	动	16

	Y		
压力	yālì	名	20
盐	yán	名	18
延长	yáncháng	动	16
演示	yǎnshì	动	14
演员	yǎnyuán	名	23
养	yǎng	动	21
邀请	yāoqǐng	动/名	20
一举两得	yìjǔ-liǎngdé		14
一口价	yìkǒujià		14
遗憾	yíhàn	形	22
遗失	yíshī	动	15
以往	yǐwǎng	名	21
艺术	yìshù	名	23
意思	yìsi	名	19
隐私	yǐnsī	名	20
应邀	yìng yāo		19
影响	yǐngxiǎng	名	21
用户名	yònghùmíng	名	14
优美	yōuměi	形	23
油	yóu	名	18
油条	yóutiáo	名	18
由于	yóuyú	介	24
邮箱	yóuxiāng	名	13
游客	yóukè	名	24

于	yú	介	15
瑜伽	yújiā	名	16
与众不同	yǔzhòng-bùtóng		21
园林	yuánlín	名	24
原来	yuánlái	名	16
原因	yuányīn	名	17
圆	yuán	形	21
缘分	yuánfèn	名	22
匀	yún	形	18

Z

在线	zài xiàn		14
早点	zǎodiǎn	名	18
责任心	zérènxīn	名	21
增多	zēngduō	动	21
炸	zhá	动	18
展开	zhǎnkāi	动	16
长辈	zhǎngbèi	名	19
帐户	zhànghù	名	14
招待	zhāodài	动	19
招呼	zhāohu	名/动	21
招收	zhāoshōu	动	16
者	zhě	词缀	15
这么	zhème	代	19
正常	zhèngcháng	形	17
正中下怀	zhèngzhòng-xiàhuái		19

之间	zhījiān	名	22
直接	zhíjiē	形/副	14
值得	zhídé	动	23
终	zhōng	动	19
主板	zhǔbǎn	名	17
主动	zhǔdòng	形	15
主题	zhǔtí	名	16
主要	zhǔyào	形	21
主意	zhǔyi	名	13
注册	zhùcè	动	14
专家	zhuānjiā	名	23
转	zhuǎn	动	14
赚	zhuàn	动	20
庄严	zhuāngyán	形	22
壮观	zhuàngguān	形	24
追	zhuī	动	20
准备	zhǔnbèi	动	15
资料	zīliào	名	19
综合	zōnghé	动	24
租	zū	动	17
尊敬	zūnjìng	动	23
作为	zuòwéi	动	19
做法	zuòfǎ	名	18

语言点索引

B	
把……切成	18
被称为	23
比……+形容词+多了	14
表示味道的词(酸、甜、苦、辣、咸)	18
别提了	20
不但……而且……	24
不过	14
不如	17

C	
差不多	15
从……到……	16
从来	17
从小	23

D	
到	16
对了	20

F	
发过去(动+过去/来)	13

非……不可……	24
否则	14

G	
赶紧	15
怪不得	21
关于	14
光	18
果然	22
过得怎么样	13

H	
好好儿	19

K	
看来	19

L	
连……也……	22

N	
能	16

Q	
亲眼	24

R	
软软的、白白的（形容词重叠）	21

S	
稍微	18
说不定	15
虽然……但是……	13
随时	24

T	
特意	19
挑来挑去（V来V去）	20
贴着（V+着）	15

W	
无论……都……	22

X	
洗着洗着（V着V着）	17
幸亏	17

Y	
一边……一边……	13
又……又……	20
原来	16
原来	19
越来越	21

Z	
怎么	17
正	22
之一	23
值得	23
总是	21

听力文本

第13课

课文一听说练习
听后根据录音复述并写出听到的句子
(1)(好久不见!假期过得怎么样?)
(2)(你假期过得也不错吧?)
(3)(是吗?虽然网上视频可以练习口语,但效果还是不如面对面交流好吧?)
(4)(你说得对,等回国了,我也要试试这个办法。)
(5)(最好把你的作文贴在附件里,这样老师保存时就比较方便了。)
(6)(老师,什么时候给您发过去呢?)
(7)(这个周末大家聚一聚怎么样?)
(8)(不过,我有一个建议:聚会的时候,大家都说汉语,好吗?)
(9)(能不能告诉我们你的手机号和邮箱地址?)
(10)(噢,对不起,我忘了告诉大家了。)

语言点及练习
(一)
1. 听录音,仿照例子完成下面的句子
(1)假期过得怎么样? 过得很好。
(2)(最近)过得怎么样? (过得不错。)
(3)(你的生日)过得怎么样? (还可以。)
(4)(在美国)过得怎么样? (挺好的。)
(5)(周末)过得怎么样? (挺不错的。)
(6)(新年)过得怎么样? (挺开心的。)

(二)

1. 听录音,仿照例子完成下面的句子

(1) 虽然汉语很难,但是很有意思。
(2) 虽然这件衣服很(便宜),但是(质量)很好。
(3) 虽然他的女朋友很(漂亮),但是(性格)不太好。
(4) 虽然我的房间很(小),但是很(舒服)。

(四)

1. 听录音,仿照例子完成下面的句子

(1) 一边唱歌一边跳舞。
(2) 一边(看书)一边(听音乐)。
(3) 一边(吃饭)一边(看报纸)。
(4) 一边(走)一边(想)。

第14课

课文一听说练习
听后根据录音复述并写出听到的句子

(1)(这是我从网上买的电子词典,要比商店里卖的便宜多了。)
(2)(在日本网上购物也很方便,不过我还不知道在中国怎么在网上买东西呢。)
(3)(关于购物流程,那个网站上有很详细的说明。)
(4)(你可真是个急性子啊。)
(5)(你还需要申请一个支付宝的账户,这个账户是用来付款的。)
(6)(对买方和卖方来说用支付宝都更安全。)
(7)(不过很多商品是"一口价",不能讨价还价。)
(8)(送货一般有平邮、快递和EMS三种方式。)
(9)(如果你不给我解释,我还真弄不清楚这些事。)
(10)(以后我要经常上网购物,这可是"一举两得"的事啊。)

语言点及练习
(一)
1. 听录音,仿照例子完成下面的句子

(1) 这款电子词典比那款贵多了。

(2)(这本小说)比(那本)(厚)多了。
　　(3)(这支笔)比(那支)(好用)多了。
　　(4)(他的汉语水平)比(我的)(高)多了。

(二)
1. 听录音,仿照例子完成下面的句子
　　(1)他身体很好,不过最近精神有点儿差。
　　(2)她没有(哥哥),不过她有一个(姐姐)。
　　(3)老李已经有(五十岁)了,不过看起来(很年轻)。
　　(4)那家商店(东西很贵),不过(质量)非常好。

(三)
1. 听录音,仿照例子完成下面的句子
　　(1)关于这个问题,咱们明天再讨论吧。
　　(2)关于(这一点),(我们的课本里有说明)。
　　(3)关于(考试时间),(你可以去问老师)。
　　(4)关于(他的家庭情况),(我一点儿也不知道)。

(四)
1. 听录音,仿照例子完成下面的句子
　　(1)学外语要多听多说,否则不可能学好。
　　(2)明天你最好(八点)起床,否则(会迟到)。
　　(3)把空调温度(调高)一点儿,否则(会感冒)。
　　(4)你应该买一个(大)一点儿的包,否则(很不方便)。

第15课

课文一听说练习
听后根据录音复述并写出听到的句子
　　(1)(我把钱包放在饭桌上,走的时候忘了拿了。)
　　(2)(咱们赶紧回去找找吧,希望没有被别人拿走。)
　　(3)(赶紧去银行挂失吧,还有饭卡和学生证也都要赶紧挂失。)
　　(4)(说不定捡到钱包的人也正在找你呢。)
　　(5)(我帮你写一份寻物启事吧,说不定捡到的人会看到。)

(6)(食堂门口的墙上贴着一张寻物启事,上面写着你的电话号码。)
(7)(你要有空儿就过来一趟,我把钱包还给你。)
(8)(真是不知道怎么感谢你啦!)
(9)(请吃饭就不用了,捡到你的东西就应该还给你。)
(10)(其实我看了学生证上的照片,你一过来我就知道是你了。)

语言点及练习

(一)

1. 听录音,仿照例子完成下面的句子

　　(1) 王峰和渡边差不多高。
　　(2) 刘丽和山田(年龄)差不多(大)。
　　(3)(学校和体育馆离我家)差不多(远)。

　　(1) 现在钱包里差不多有八千日元。
　　(2)(这次旅行)差不多(花了一万块)。
　　(3)(我学汉语)差不多(已经两年了)。
　　(4)(昨天的讲座)差不多(来了50个人)。

　　(1) 王峰和渡边的身高差不多。
　　(2)(我们俩的汉语水平)差不多。
　　(3)(今天和昨天的天气)差不多。
　　(4)(这件衣服和那件衣服的颜色)差不多。

(二)

1. 听录音,仿照例子完成下面的句子

　　(1) 快迟到了,我们赶紧走吧。
　　(2)(我要上课了,你想说什么)赶紧(说)。
　　(3)(明天有考试,我得)赶紧(看书)。
　　(4)(客人马上就要来了),赶紧(准备一下)。

(三)

1. 听录音,仿照例子完成下面的句子

　　(1) 等了这么长时间他还不来,说不定他把这件事情忘了。
　　(2) 今天有点儿(阴天),说不定(会下雨)。

(3) 她们俩(长得很像)，说不定(是姐妹)。
　　(4) 他汉语(说得非常好)，说不定在中国(生活过很长时间)。

(四)
1. 听录音，仿照例子完成下面的句子
　　(1) 墙上挂着一幅画。
　　(2) 黑板上(写)着(一行字)。
　　(3) 桌子上(放)着(两本书)。
　　(4) 外面的墙上(贴)着(一些广告)。
　　(5) 院子里(种)着(几棵树)。

第16课

课文一听说练习
听后根据录音复述并写出听到的句子
　　(1) (请您填一下这张申请表。)
　　(2) (我们这里的健身卡分年卡、半年卡、季卡和月卡四种。)
　　(3) (从3月3号到4月3号的这一个月里，你可以不限时、不限次地使用全部器械。)
　　(4) (我能不能用一下这儿的体重计？)
　　(5) (每次活动都会有一个主题，然后中日双方的学生围绕主题展开讨论。)
　　(6) (我想先转转再决定。)
　　(7) (我很想参加，不过我不敢肯定我能不能经常参加活动。)
　　(8) (招新的活动截止到明天下午5点。)
　　(9) (我原来计划在中国学习半年，但是我现在觉得半年太短了。)
　　(10) (写清楚你想延长到什么时候和申请延长的理由。)

语言点及练习
(一)
1. 听录音，仿照例子完成下面的句子
　　(1) 从星期一到星期五我们都有课。
　　(2) 从(9月1号)到(9月8号)(我要去中国旅游)。
　　(3) 从(昨天)到(现在)(我的头非常疼)。

(4) 从(1998年)到(2002年)(我在东京上大学)。

(二)

1. 听录音,仿照例子完成下面的对话
  (1) 我能用一下这台电脑吗？   能。
  (2)(你今天晚上)能(参加吗)？   对不起,(我不能参加)。
  (3)(老师,我下次课)能(晚来一会儿吗)？ (能)。
  (4)(我)能(去一下洗手间吗)？   (当然能)。

(三)

1. 听录音,仿照例子完成下面的句子
  (1) 今天的会开到六点。
  (2) 今天的课(上)到(五点半)。
  (3) 这家超市(开)到(晚上八点)。
  (4) 截止日期(延长)到(下个星期六)。

(四)

1. 听录音,仿照例子完成下面的句子
  (1) 我原来喜欢打棒球,但是现在已经不打了。
  (2) 他原来(和父母一起住),但是现在已经一个人住了。
  (3) 妈妈原来(是公司职员),但是结婚以后就不工作了。
  (4) 这张床原来(在窗户旁边)。

第17课

课文一听说练习
听后根据录音复述并写出听到的句子
  (1)(您好！请问是小区物业吗？)
  (2)(我家浴室的下水道堵了,您能来我家看看吗？)
  (3)(厨房的没事儿,就是浴室的堵了。)
  (4)(就是刚才洗澡的时候,洗着洗着忽然发现水不往下流了。)
  (5)(害得我只洗了一半儿就赶紧给你们打电话。)
  (6)(还真是难为您了。)
  (7)(刚通完了下水道,这电脑又坏了。我也太倒霉了。)

(8)（我的电脑已经用了三年了,应该不在保修期了。）
(9)（幸亏不是主板的问题。）
(10)（换一个主板差不多得需要2000块钱,您还不如买一个新的呢。）

语言点及练习
（一）
1. 听录音,仿照例子完成下面的句子
(1) 我从来不喜欢吃辣的东西。
(2)（他）从来（没去过国外。）
(3)（我听说过他）,但从来（没有见过。）
(4)（我们的老师）从来（不迟到。）

（二）
1. 听录音,仿照例子完成下面的句子
(1) 昨天看电影的时候,我太累了,看着看着就睡着了。
(2)（开始我觉得汉语很难,但学）着（学）着（汉语就变得容易起来）。
(3)（这首歌很长,但唱）着（唱）着（我就把它记住了）。
(4)（那个地方是我第一次去,走）着（走）着（我发现自己走错了）。

（三）
1. 听录音,仿照例子完成下面的句子
(1) 你上午怎么没有来上课?
(2)（你）怎么（哭了）?
(3)（这支笔）怎么（不能用了）?
(4)（我的钱包）怎么（找不着了）?

（四）
1. 听录音,仿照例子完成下面的句子
(1) 幸亏有你帮我,否则我肯定做不好。
(2) 幸亏（我起得早）,（否则我肯定迟到了）。
(3) 幸亏（他提前告诉我）,（我才没有犯错误）。
(4) 幸亏（不是大问题）,（否则我真不知道该怎么办）。

(五)

1. 听录音,仿照例子完成下面的句子

(1) 现在路上有点儿堵,坐出租车不如坐地铁快。

(2) (写信)不如(发电子邮件方便)。

(3) (今年的春节)不如(去年的春节热闹)。

(4) 买电子词典的时候,(买一个功能少的)不如(买一个功能多的)。

第18课

课文一听说练习
听后根据录音复述并写出听到的句子

(1) (今天这个酸辣白菜是不是咸了点儿?)

(2) (北京烤鸭当然也吃过了,不过我最喜欢的还是宫保鸡丁。)

(3) (我的口号是"中国人吃什么我就吃什么"!)

(4) (你还真不挑食!)

(5) (这你可难不倒我。)

(6) (中国菜的烹饪方法很多,比如煎、炒、烹、炸……)

(7) (不但挺谦虚,还挺好学。)

(8) (先把鸡肉切成小方块儿,然后把鸡丁放到盘子里。)

(9) (今天我可真有口福啊!)

(10) (光说好可不行啊,下次你们也来露一手。)

语言点及练习
(一)

1. 听录音,仿照例子完成下面的句子

(1) 这个菜稍微有点儿咸。

(2) (你明天)稍微(来早一点儿。)

(3) (别学习了,我们)稍微(去运动一下吧。)

(4) (我的电脑坏了,你能)稍微(帮我看看是怎么回事儿吗?)

(二)

1. 听录音完成下面的句子

(1) 臭豆腐闻起来(臭),吃起来(香)。

(2) 这种方便面可以干吃,(香脆可口)。

(3)他做菜时喜欢(放很多盐,所以非常咸)。
(4)这些没有吃完的东西(要放进冰箱里,否则会变酸)。

(三)
1. 听录音,仿照例子完成下面的句子
(1)把书翻到第15页。
(2)把(菜倒在盘子里。)
(3)把(钱放进钱包里。)
(4)把(车停在楼下。)

(四)
1. 听录音,仿照例子完成下面的句子
(1)学外语光看书是不行的,还要多说。
(2)(最近每天)光(吃方便面了)。
(3)(一个人)光(有钱还不够,还要有知识。)
(4)(他不)光(长得帅,而且还很聪明。)

第19课

课文一听说练习
听后根据录音复述并写出听到的句子
(1)(不好意思,打扰了。)
(2)(欢迎你来我们家玩儿。)
(3)(你太客气啦,来就来吧,还带什么礼物啊!)
(4)(这里有花生、瓜子、水果,你爱吃什么就吃什么!)
(5)(不查不知道,一查吓一跳。)
(6)(你知道的真不少啊!)
(7)(我们两个人先敬渡边一杯酒。)
(8)(当然,这可都是我妈妈的拿手菜啊。)
(9)(打扰你们这么长时间了,真不好意思。)
(10)(不用送了,请留步吧!)

语言点及练习

(一)

1. 听录音,仿照例子完成下面的句子

(1) 你要好好儿学习汉语。
(2) (咱们俩)好好儿(聊聊。)
(3) (明天有考试,你应该)好好儿(准备。)
(4) (因为不饿,所以孩子不)好好儿(吃饭。)
(5) (大夫让我)好好儿(休息几天。)
(6) (放假了,我一定要)好好儿(玩儿玩儿。)

(二)

1. 听录音,仿照例子完成下面的对话

(1) A：你最近不是很忙吗,怎么还有时间来看我？
    B：我是特意请假来看你的。
(2) A：你今天真漂亮啊！
    B：(今天是我男朋友的生日,我特意买了一件新衣服。)
(3) A：你的孩子怎么没来上学？
    B：(今天他身体不太舒服,我特意让他在家里休息的。)
(4) A：这么多好吃的呀！
    B：(这些都是特意为你准备的。)

(三)

1. 听录音,仿照例子完成下面的句子

(1) 我说是谁,原来是你。
(2) (教室怎么这么安静,)原来(没人。)
(3) (我帮你们介绍了半天,)原来(你们已经认识了。)
(4) (我以为这本书丢了,)原来(被你借走了。)
(5) (我以为你病了,)原来(你陪妈妈旅行去了。)
(6) (我以为你比她大呢,)原来(你比她小五岁呢。)

(四)

1. 听录音,仿照例子完成下面的句子

(1) 快下班了,工作才干了一半,看来今天又要加班了。
(2) (这么难的句子他都听得懂,)看来(他的汉语水平很高。)

(3)（同学们都喜欢听王老师讲课,）看来（他讲得不错。）
  (4)（天阴了,）看来（一会儿要下雨。）
  (5)（你吃得太少了,）看来（你不喜欢今天的菜。）
  (6))（这次考试大家的成绩都不好,）看来（考试题太难了。）

第20课

课文一听说练习
听后根据录音复述并写出听到的句子
  (1)（不知道这个问题是不是隐私?）
  (2)（我最近正在追一个女孩儿。）
  (3)（让我猜猜,她一定又聪明又漂亮。）
  (4)（去你的,手机怎么能跟女朋友相比呢?）
  (5)（所以我要加倍努力,找个好工作,赚多多的钱。）
  (6)（能做你的语伴真是太好了!）
  (7)（姑姑谁的话都不听,坚持要跟他结婚。）
  (8)（我当然没有那么保守啦。）
  (9)（我觉得男的比女的小也不是什么问题。）
  (10)（如果你要准备的话,带一张贺卡表达一下心意就行啦!）

语言点及练习
（一）
1. 听录音,仿照例子完成下面的句子
  (1) 他的汉字写得又快又好。
  (2)（那个孩子高兴得）又（唱）又（跳。）
  (3)（这个房间）又（大）又（干净。）
  (4)（这件衣服）又（漂亮）又（便宜。）
  (5)（用Email写信）又（方便）又（省钱。）
  (6)（中国菜）又（好吃）又（便宜。）

（二）
1. 听录音,仿照例子完成下面的句子
  (1) 好,现在下课吧。对了,把昨天的作业交给我。
  (2) 明天大家一定要准时到。对了,（别忘了带雨伞)。

(3) A：我们的晚会李老师也参加吧？
　　B：对了,(我还没给他打电话呢)。
(4) A：你什么时候去中国旅行？
　　B：我下个星期去。对了,(我还没给中国朋友准备礼物呢)。

(三)
1. 听录音,仿照例子完成下面的对话
(1) A：你那儿天气怎么样？
　　B：别提了,每天都下雨。
(2) A：你儿子学习怎么样？
　　B：(别提了,他不喜欢学习,真让我头疼。)
(3) A：你学习累不累？
　　B：(别提了,每天都有很多作业。)
(4) A：你跟女朋友什么时候结婚？
　　B：(别提了,我们分手了。)
(5) A：你们那儿上网方便吗？
　　B：(别提了,已经一个多月不能上网了。)

(四)
1. 听录音,仿照例子完成下面的句子
(1) 孩子们跑来跑去,很热闹。
(2) (球踢来踢去,就是踢不进去。)
(3) (他想来想去,不知道怎么办。)
(4) (我整天忙来忙去,没有休息时间。)

第21课

课文一听说练习
听后根据录音复述并写出听到的句子
(1) (这个情况我也是第一次听说。)
(2) (在日本养宠物的人确实越来越多了。)
(3) (养宠物也越来越流行了。)
(4) (不过,狗是人们最喜欢的宠物。)
(5) (是啊,大概是因为狗比较忠诚而且有责任感吧。)

(6)（你知道,日本人的工作压力特别大,许多人养狗也是想缓解工作压力。）
(7)（怪不得养宠物越来越流行,原来有这么多好处啊。）
(8)（是吗？真够特别的。）
(9)（有些宠物主人太没有责任心,想养就养,不想养就扔。）
(10)（我怎么没想到呢,好主意！）

语言点及练习
(一)
1. 听录音,仿照例子完成下面的句子
　　(1)如果由于某种机会对汉字产生了兴趣,就会越来越喜欢。
　　(2)天气(越来越冷。)
　　(3)她(越来越漂亮。)
　　(4)这儿的东西(越来越贵。)

(二)
1. 听录音,仿照例子完成下面的句子
　　(1)她的头发长长的,眼睛大大的。
　　(2)他的个子(高高的,很帅。)
　　(3)他的房间(干干净净的。)
　　(4)这个沙发(软软的),非常舒服。

(三)
1. 听录音,仿照例子完成下面的句子
　　(1)怪不得我最近没看到她,原来她去旅行了。
　　(2)怪不得(他汉语说得那么好),原来他在中国学了七年。
　　(3)我忘了关窗子,怪不得(这么冷)。
　　(4)这部电影真好看,怪不得(这么多人都排队买票)！

(四)
1. 听录音,仿照例子完成下面的句子
　　(1)出国以后,他总是想家。
　　(2)他总是(快快乐乐的),好像没有什么烦恼。
　　(3)他总是喜欢(早睡早起),生活习惯非常好。
　　(4)这些天奶奶(总是咳嗽),应该去看医生了。

第22课

课文一听说练习

听后根据录音复述并写出听到的句子

(1)(太巧了,我正好要去找你。)

(2)(那太好了,我想请你到我家去吃粽子。)

(3)(无论工作多么忙,人们都会赶回家与家人团聚。)

(4)(是的,元宵节我们不但要吃汤圆,还要去看花灯呢。)

(5)(真遗憾,元宵节的时候我已经回国了,看不到漂亮的花灯了。)

(6)(日本人也有给压岁钱的习惯啊?)

(7)(说实话,能收到压岁钱是我最喜欢过春节的原因。)

(8)(春节的时候,我们全家还会一起贴春联、放鞭炮、逛庙会,特别热闹。)

(9)(那日本的新年跟中国的春节比起来,可就安静多了。)

(10)(呵呵,咱们俩有缘分呀!)

语言点及练习

(一)

1.听录音,仿照例子完成下面的句子

(1)他进来的时候,我正(想出去)。

(2)水不热不凉,正(可以喝)。

(3)这张桌子不高不低,(正好)。

(4)我正(要给他打电话),他就来了。

(二)

1.听录音,仿照例子完成下面的句子

(1)他无论干什么都很认真。

(2)无论我们走到哪里,都(不会忘记家乡)。

(3)无论(我们长多大),在父母眼里,我们都是孩子。

(4)无论大事小事,他都(决定不了)。

(三)

1.听录音,仿照例子完成下面的句子

(1)这个问题太难了,连老师也不会。

(2)这个问题太简单了,连(幼儿园的孩子都会)。

(3) 他学习很努力,连(周末也不休息)。
(4) 他学习不努力,连(上课的时间都睡觉)。

(四)
1. 听录音,仿照例子完成下面的句子
   (1) 昨天天气预报说今天有雨,果然今天下雨了。
   (2) 我想今天晚上他一定在家,一打电话,他果然(在家)。
   (3) (吃了这种药以后),妈妈的病果然好了。
   (4) (他答应我参加这个会),他果然来了。

第23课

课文一听说练习
听后根据录音复述并写出听到的句子
(1) (这部电影真不错,你觉得呢?)
(2) (要不京剧怎么被称为中国的国粹呢?)
(3) (我听说日本也有一种和京剧差不多的一种艺术。)
(4) (说实话,日本的年轻人对传统的艺术越来越不关心,我们更喜欢现代艺术。)
(5) (那你一定是个京剧迷了!)
(6) (他真是下了大功夫了。)
(7) (他太有敬业精神啦,值得我们尊敬。)
(8) (梅兰芳?我听说过,他是中国最有名的京剧表演艺术家。)
(9) (好啊!里面一定少不了有我喜欢的京剧。)
(10) (你对京剧的迷恋已经快超过我啦!)

语言点及练习
(一)
1. 听录音,仿照例子完成下面的句子
   (1) 姚明被称为小巨人。
   (2) 那本书被评为(一等奖)。
   (3) 他被同学们选为(班长)。
   (4) 我被大家看成了(胆小鬼)。

(二)

1. 听录音,仿照例子完成下面的句子

(1) 好习惯要从小培养。

(2) 他俩从小(一起长大),是要好的朋友。

(3) 我从小(就讨厌香菜)。

(4) 他从小(就很骄傲),长大以后也没什么变化。

(三)

1. 听录音,仿照例子完成下面的句子

(1) 我觉得杭州值得去。

(2) 这个机会不错,值得(一试)。

(3) 这个问题值得(研究)。

(4) 王教授值得(我们尊敬)。

(四)

1. 听录音,仿照例子完成下面的句子。

(1) 苹果是我最喜欢的水果之一。

(2) 中国是(历史最悠久的国家)之一。

(3) 游泳是(我喜爱的运动)之一。

(4) 昆明是(中国最美丽的城市)之一。

第24课

课文一听说练习

听后根据录音复述并写出听到的句子

(1) (你能帮我推荐一些地方吗?)

(2) (那我一定得去参观一下。)

(3) (那附近还有许多好玩的地方,估计你一天都逛不完。)

(4) (颐和园有山、有水,风景非常美。)

(5) (以前在电影里见过颐和园,百闻不如一见,我一定得去亲眼看一看。)

(6) (长城非常雄伟、壮观,听说是外国游客最想去的地方之一。)

(7) (这可是关系到能不能当"好汉"的大事。)

(8)（天坛不但是游览的地方，而且在那儿可以感悟、思考一些问题。）
(9)（我相信我的假期一定会非常忙碌又非常愉快的！）
(10)（你有什么问题可以随时跟我联系。）

语言点及练习
（一）
1. 听录音，仿照例子完成下面的句子
(1) 欢迎你到家乡去，亲眼看看那里巨大的变化。
(2) 我想亲耳（听听你们的意见）。
(3) 他亲口说（今晚要来参加我的生日晚会）。
(4)（这双鞋）是妈妈亲手（给我做的）。

（二）
1. 听录音，仿照例子完成下面的句子
(1) 学习一门新的语言非下苦功夫不可。
(2)（孩子特别喜欢那个玩具），非要不可。
(3) 他下决心，非（考上北大）不可。
(4) 你每天加班，非（累病）不可。

（三）
1. 听录音，仿照例子完成下面的句子
(1) 渡边不但会说英语，而且还会说韩语。
(2) 今天的天气不但热，而且（还闷得厉害）。
(3) 他不但自己努力学习，而且（还帮助别的同学）。
(4) 这不但是你个人的事，而且（也是大家的事）。

（四）
1. 听录音，仿照例子完成下面的句子
(1) 需要帮助的话，你随时都可以给我打电话。
(2) 他的病随时（会出危险）。
(3) 有什么情况随时（向我报告）。
(4)（列车上有餐厅），乘客可以随时（就餐）。